JN135966

NOTE BOOK

非常口

大坊
珈琲店

キムホノ陶

平野遼『朝の道』(上)、『手を出す人』(下)

塩崎貞夫『桜』、塑像

塩崎貞夫
『桜樹の下で』（上）
『国上山の邊り』（下）

大坊珈琲店のマニュアル

大坊勝次

目次

一～七　21
八　キムホノ陶　131
九　私の平野遼　155
十　塩﨑貞夫の鎮魂　211
十一　233

撮影：関戸勇
デザイン：猿山修
校正：牟田都子
編集：久保万紀恵
協力：山本千夏

一

大坊珈琲店は閉店しました。二〇一三年十二月のことですから、もうだいぶ前のことです。でも、まだ、つい昨日のことのように思い出しますし、もう、ずっと、十年も昔だったようにも思えてしまいます。

閉店の決心をした時のことを思い出します。長く続けることだけを考えて、やってきました。一人ずつお客様を増やしていくという方法以外、考えられませんでした。長く続けること、長く続ければ少しずつ増えていくだろうという考えが基本でした。やめるなどということは考えたこともありません。店子なわけですから、どんな問題が起こるかわかりませんが、どのようにすれば続けられるか、続けるためには何をすればいいのか、だけを考えてきました。

しかし、ビルを取り壊すことになり、初めて閉店という選択肢が芽生えました。自分の年齢を考えたからだと思います。現状のままであれば、まだまだ続けられると思うのですが、場所を変えて、新たに店を作って、それであと何年続けられるのか、という考えが生まれたのでした。「閉店という選択肢も含めよう」と考えた時、一瞬、時計が止まったような、音が消えたような、身体が凍ったように動けなくなりました。誰だろう、誰が考えたんだろう、とのろのろとまわりを振り返りました。それは恐怖だと思います。体温が奪われたような空白です。しかし、それから、少しずつ、ぬるいお湯に温められていくような、身体がゆるんでいく感じに包まれていきました。それはたぶん、安堵だったと思います。朝の焙煎も毎日開店して抽出することも、あれもこれもやらなくていいのかという空想が、本当に空想でしたが、湧いてきたのです。自分でも全く思いがけない反応でした。

繰り返しますが、やめたいと思ったことなど一度もありません。たしかに朝に五時間も、手廻しロースターを回し続けることは大変なことです。途中で飽きてくる。それでも店をやめたいと思ったことはありません。楽しみながらできていたと思っていたくらいです。自分でも驚いた感覚の湧出は、今でも鮮明に覚えています。本当に安堵だったんだろうか。そんなにも身体はこたえていたんだろうか。限界がきていた労働だったんだろうか。

もちろんそれからもずっとどうすることが、店にとって、自分にとって、最もいいことなのか、冷静に、何ヶ月も考えました。しかし芽生えた選択肢は、確実に成長していきました。恐怖と安堵のようなものに、交互に襲われながら、決心を固めていきました。その間つねに考えていたのは、お客様にどのように挨拶できるかということでした。店を長く続けてこられたのは、本当にお客様のおかげです。開店当初は一年もつかなとか、三年もったら上出来だと、言われました。たぶん、食べ物がメニューになかったからだと思います。コーヒーを頼む以外、ほとんど選びようがない。それにコーヒーを一杯作るのに、時間がかかりすぎる。こんな商売は続かないだろう、と思われていたらしい。たしかにヒマでした。あまり愛想のよくない男が一人、黙ってコーヒーを出し、お客様も黙ってコーヒーを飲み、黙って帰る。ちょっと暗いですよね。店内も暗い色に塗りつぶされているし、楽しめる要素があまりない。誰もいない店内で一人豆の選別をやっている時に来合わせた人は「大丈夫か?」とか、冗談にせよ「生きてるか?」とか声をかけてくれましたっけ。一人で本を読みたい、というような人にはよかったかもしれない。静かですし、慌てて席を空けなければ、というようなことも、まあない。それでも帰られる人の中にたまに目を合わせてくれる人がいるのです。その目は、いい味だったよ、と言っているように見えることがあるのです。黙って迎えて、黙って帰る。それだけなのですが、帰りぎわに目が合うと、何も言わなくていいよ、こういうジミな店、俺は好きだよ、って言ってくれてるように見えたりするんです。私自身がかなり自分に都合よく受けとる性格であるにしても、しばらくしてまた来てくれる人がいたり、目の表情に手ごたえが感じられたりすることに、どんなに励まされたことか。その手ごたえが、やり方を変えずに、このままもう少し続けてみようという力になったのです。店はそういう人たちに支えられてきたのです。

考えたのは、お客様にきちんと挨拶ができる時間を設けるということでした。今は来られないけれど、昔よく来てくれていた人に、挨拶してやめたい。たまにしか顔を見ないし、今度いつ来るかわからない人に挨拶したい。一年に一度とか、十年ぶりとか、とにかくひさしぶりに顔を見せる人が多い。そういう人達に挨拶したい。三十八年という年月は、仕事も、住所も、人の人生に大きな流れがあって当たり前の年月です。それでも覚えていてくれて、寄ってくれる人が多いのです。そういうことをまず考えました。早めに告知をして挨拶する機会を設ける。

その前に、最初に告げるのは従業員です。七月半ばでした。二〇一三年十二月で閉店する。移転して再開することは、今は考えられない。五ヶ月半後のことは、各自考えておいてほしい。欠員がおきても臨時の手は増やさない。今のメンバーできっちり閉店したいので、十二月まで協力してほしい。今までのお礼と挨拶を、店内で告知する。住所のわかるお客様には、ハガキで郵送する。店内の写真を撮って小冊子にし、お客様にも配る（これは本という形に変わりましたが）。

閉店に向けて動き始めたのですが、予想外のことがまず起こりました。告知をした途端、インターネットによって広まったことです。またたく間に広がるものですね。驚きました。ひさしぶりの人が「いったいどうしたんだ」と心配してきてくれます。いつも来てくれている人が「これからどうするんですか」と聞きにきます。初めての人が「こんな店があったんですか」と見にきます。外国で仕事をしている人から「炎上してるけどどうなってんの」と電話がある。炎上とはこういうことをいうんですね。初めて知りました。

思えば三十八年間、お客様一人ずつ、コーヒーを飲んでもらい、気に入った人が少しずつ続いてくれますように、そういう人が一人ずつ増えてくれますようにと信じて、また一杯一杯コーヒーを作るという三十八年間でした。ネットの伝わり方とは違いますが、一人一人の反応を頼りに、もう少し続けられる、一年後はもう少し増えてくれるだろうと続けてきた三十八年間でした。店を支えてくれたお客様に、お礼を言いたいという気持ちは、心底あるものなのです。ヒマで苦しかった時期が、ずいぶん長かったので、そういう気持ちは、身にしみ込んでいるのです。でも急に忙しくなってしまい、お客様にお礼を言う時間もなくなってしまいました。しかし、黙ってコーヒーを作る姿を、開店した時と全く変わらないやり方で、コーヒーを作る姿を示すことによって、あなた方のおかげで、こうして幕を引くことができます、ありがとうという思いを、示すことはできるだろうと考えることにしたのです。

さらに予想外のことが起こりました。お客様のほうから「ひと言挨拶をさせてください」という人が現れたのです。「私はタダの一人の客でしたが、ここでの時間は、私にとっては、とても大切な時間だったのです。長いことありがとうございました」と言って帰られる人が現れたのです。それもたくさんの人が、続いて続いてそう言って帰られるのです。

あまり多く話しをする店ではなかったのですが、挨拶だけはちゃんとするにしても、ひと言も口をきかずに帰られる人が少なくなかったといいますか、ほとんどの場合は、そういう人だったと思います。それなのに、一人一人が、ここでの時間を、大切な時間に変えてくれていた、ということです。このことに私は驚き、感動させられました。

もちろん一杯のコーヒーで、いっとき「ほっ」としてくれることを望みました。そのためにはコーヒーがおいしくなければならないと考えました。人はおいしい飲み物を口にするとと「ほっ」とします。さらにその人の口に合う、特別においしいコーヒーを口にすれば「ほっ」とするはずです。そして目の前で、姿勢を正して、一滴一滴丁寧に作れば、「ほっ」となってくれるに違いない、というようなことは考えていました。それにはおしゃべりは少ないほうがいいということも考えてはいましたが、それより、コーヒーを作っている時は、口がきけなくなるということです。コーヒーは黙って作らなければなりません。お客様にも、この時間だけは、待っていてもらわなければならないのです。
手紙を書いていかれる人も現れました。やはり、たくさんの人が手紙を残していかれました。

長い間　安らぎながらも
どこかしゃんとした自分を
とり戻せるような　穏やかな
場を提供し続けて下さった

ことに感謝致します。
御主人にとって　当り前のこと
かもしれませんが　当り前のこと
日々　当り前に続けていくことは
誰にでもできることではないでしょう
前にも申しましたが
コーヒーをいれる
コーヒーをたてる
そういう動詞はあっても
コーヒーをみせる
という体験は初めてで
それは見せるであるより
魅せるという字を

当てた方が良いのかもしれませんが
静かな　流れるような
動きを　すべてが大切に
されているような　動きを
拝見しているだけで
心が静かさをとり戻します。
以前　いかにもアメリカ人という
元気なお客様たちが賑やかに
カウンターを占拠されたことが
ありましたが　御主人が手を
動かされるにつれて　誰も
話しをしなくなり　全員の
視線は　その手元に　正に

釘付けになっていました。
それは　そのまま　私自身の
姿と気持ちであり
全く言葉を交わさずに
その気持ちが伝わるということの
素晴らしさを体験させて
いただきました。
茶に道があるのなら
珈琲にも道があるはずで
それは　静かで美しく
素朴で　暖かで　素敵な
時間でありました。
店は形を失っても

失ったものは　より深い思い出
として色濃く　心の奥に
残されます。
本当に有難うございました。

十二月に入ると、さらに忙しさは増しました。初めて手廻しロースターの限界が露呈しました。焙煎が間に合わなくなってしまったのです。開店当初から、手廻しで追いつかなくなったら、機械を入れなければならない、狭い店のどこに入れようか、と考えていました。幸いにといいますか、残念ながらといいますか、なんとか間に合ってきたのです。確かに一日四時間も五時間も回し続けることは、大変だったのですが、機械を入れるわずらわしさを考えれば、がまんできないこともない、ぐらいの大変さだったのだと思います。
しかし、閉店の時になって初めて、手廻しロースターで焙煎できる量では、間に合わなくなってしまいました。やむをえないので豆売りの方を限定販売にしてしまいました。入口には行列ができるようになり、コーヒーを作る目の前には、待っている人のコーヒーカップが、十個も二十個も並ぶようになってきます。こんなことも開店以来、初めての現象です。しかし抽出の仕方を変えることはできません。一日中、固まったまま、一滴一滴ネルドリップを続けるしかありません。そして十二月二十三日。忙しさが頂点に達したままプツンと閉店しました。

このごろ来てくれる人にも、古くからの人にも、さようならの挨拶をして、静かに閉店していくという姿とはなりませんでした。それでもお客様は、別れを現実に受け入れてくれたように思います。しかし我々スタッフは、全くプツンとでした。当たり前ですけど。

険しい山を登りつめて、そのまま空中に足を踏み出してしまったような、空虚の中に放り出されました。それにしても、従業員の協力なしには乗り切れない状況でした。よくやってくれました。閉店を告げた時、このメンバーで終わりたい、と協力を求めたことに、完璧に応えてくれました。三人の従業員には、刻々と変わる状況に、黙って動きを変えられるチームワークができていました。大変だったと思います。忘れられることではありません。実はみんなで慰安旅行に行ったのです。でもみんな、目は何も見ていないような光だし、動きも意志が伴っていないような動きだし、全く呆然自失状態での旅行になってしまいました。

このようにして大坊珈琲店はなくなりました。

珈琲店の役割は、一杯のコーヒーでいっとき「ほっ」としてもらうということに尽きると思います。人がコーヒーを求めるのは、ひと休みの時に違いありません。とにかく人は忙しい生き物です。目に見えたものに気が向くし、耳に聞こえたものに気を取られる、気が休まるヒマがない。そういう時にコーヒーを一杯という気になります。気を静めるためにコーヒーを一杯。

人はおいしいお茶やコーヒーを飲むと、ほっとします。たいしておいしくなくても、ちょっとひと休みという時の飲み物なわけですから、まあほっとして飲みます。これがとびっきりおいしかったら、とびっきりほっとして疲れもどこかへ飛んでいくというわけです。お茶やコーヒーに蘊蓄(うんちく)が多いのは、こういう気分に関わるからなんでしょう。飲み物に集中する時ですし、おいしいことは気分をだいなしにしないためにも大切です。お菓子がおいしくてもほっとできます。甘みが口の中に入るとほっとします。多少コーヒーが苦くても、お菓子が甘ければ許されるという面はあるかもしれない。いやコーヒーにちょっと苦みがあるからこそ、しみじみとするんじゃないか。やれやれという気分。コーヒーがお菓子と同じような甘みだったら、ちょっと違うかなあ。お茶もコーヒーも、甘みがあるにしても、渋みとか、苦みとか、別の要素があるからほっとできるのかもしれません。そういう時に口元がかすかにほころぶんですね。味に表情をもたせるということは大事です。単に甘いだけじゃない、渋み苦みを含ませた表情が、ほっとした人の表情にそのまま表れるような、お茶やコーヒーと忙しい人の関係は、そういうことじゃないだろうか。

珈琲店とは、職場でもないし、家庭でもない、自分の役割を務めることから解放された場所なわけです。一人でいられる場所であり、それでいて全く孤独なわけではない。他の人がいるわけだし、店の人もいる。話してもいいし、話さなくてもいい。わりに落ち着いて自分の席に座っていられる。こんなことってめったにあるわけじゃない。黙ってじっとしているにこしたことはない。自分の中で遊んでいられる。だけど、黙っている人が話していないかというと、そうでもない。結構話している。だって、ほっとしているんだ。わかち合いたい奴を想い出したり、自分自身と向き合ってもいる。話していないわけがない。

もうひとつ、苦みのことだけど、たぶん、ほっとくつろいでいる背中を、ちょっとだけしゃんと伸ばしてくれるってことはないだろうか。かすかな甘みが口元のほころびに現れるだろうけれど、甘みの中の苦みが、背筋を伸ばしてくれる。これ、コーヒーの功徳じゃないだろうか。信じられないけれど、苦みの功徳。

深煎りは甘みを出したくて深煎りにするわけですが、苦みも出てきてしまう。そこでなんとかして苦みをなだめるように工夫するのですが、うまくいく時があります。甘みが多くて苦みはホントに少ない。いい具合に焼けたと思うのですが、そんな時、もうちょっと苦みがほしいと思ってしまうのです。苦みを消したいと思っていながら、消えると求める。不思議なことですが、いやなはずの味を求める。ないものねだりかな。焙煎は迷いながら行います。

コーヒーの味は、焙煎によって作られます。私は手廻しロースターで焙煎していました。ガス台の上で釜をカラカラと回す。ガスの炎を調整する。これだけです。時間と共に煙の勢いが変わってきますので、ガスの強さを変えます。豆の色も変わってきますので、ガスの強さを変えます。焼き進むにつれて刻々と豆の色は変わります。それはもう緑色から黒に近いこげ茶色まで、考えてみれば驚くほど変わります。私の焙煎は「色を見ること」と言ってしまっていいと思います。

生の豆はグリーンです。言わずもがなですがグリーンです。翡翠色ともいえるし、青磁色ともいえる、いくぶん透き通るように見える深い色です。いい色だと思います。産地によって、または精製法によって、大きさや形、色に違いがあります。この違いは最後まで影響することで、味を決定するような重要なことなのですが、私には生の豆を見ても、味まではわかりません。コーヒーにして飲んでみて初めて、こういう味が出る豆なんだ、ということがわかります。しかし初めての豆の場合、適切な焙煎ができるとは限りません。何回もやり方を変えて、焙煎して飲んでみて、やっとその豆の性質がわかる。時間がかかるのです。ひとつひとつの豆の種類に適切な焙煎があるのか、ということも断定しにくいもので、結局、コーヒーを作る人が百人いれば、百通りの味があるといわざるをえない。私の作る味も百分の一であり、私の味にするための焙煎の方法にすぎません。

その味について説明しますが、次の図は味の存在を何かによって、つまり科学によって裏づけられるようなものではありません。私が作ろうとしている味の、イメージを説明するための図です。テイスティングする時に、味を説明する都合のための図です。

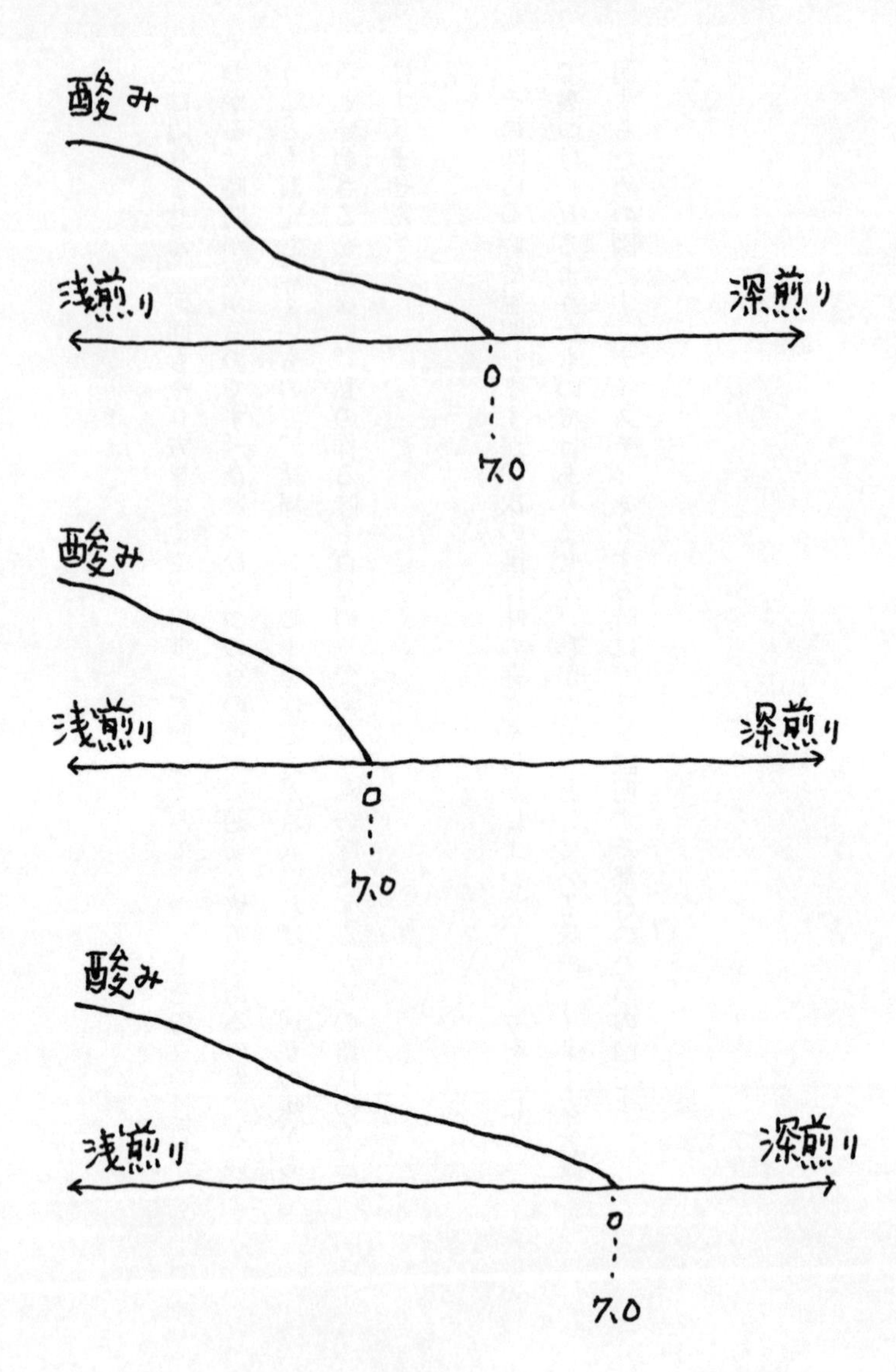
酸み
浅煎り
深煎り
0
7.0
酸み
浅煎り
深煎り
0
7.0
酸み
浅煎り
深煎り
0
7.0

焼き進めて深煎りにしていきますと、酸みがだんだん減っていきます。かなりといいますか、限界に近いといいますか、深煎りにしたところに、酸みがほぼ〈0〉になるポイントがあります。そこに、〈7〉という数字を置いておきます。この7という数字には、何の意味もありません。単に説明する都合上の数字です。仮に、〈10〉で炭になるとすれば、このあたりが〈7〉にあたるのではなかろうか、というような気持ちはあります。〈7〉より深煎りは、フルシティロースト、フレンチロースト、イタリアンローストになり、〈7〉より浅煎りは、フルシティロースト、シティロースト、ハイローストと呼びたいという気持ちもあります。しかしこういう呼び方も明確に決められているわけではないので、何の根拠もありません。

この〈7〉のポイントは、焙煎時間とか、焙煎温度とかで決めるものではありません。飲んでみて、舌の味で決めるものです。焙煎を進めていきますとわりにスッと消える酸みもありますし、長く尾を引く酸みもあります。味をみて、酸みがほとんど感じられなかった時に、初めてこのコーヒーは〈7〉のポイントで焙煎されたコーヒーである、と思えるのです。酸みを〈0〉にしてしまうか、どのくらい残して煎り止めるかは、味を作るのに最も重要なポイントとなります。

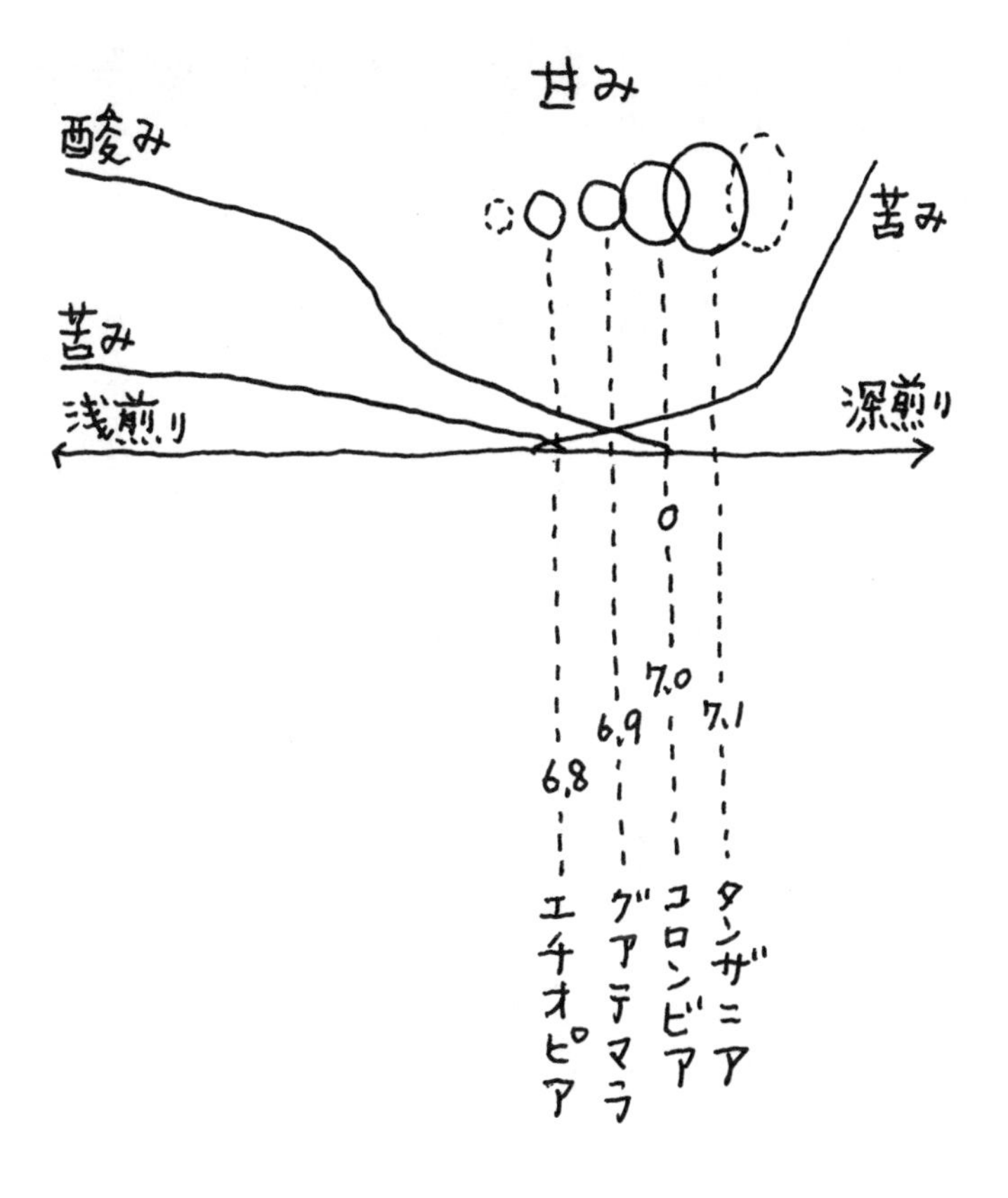
甘み
酸み
苦み
苦み
浅煎り
深煎り
0
7.0
6.9
7.1
6.8
エチオピア
グアテマラ
コロンビア
タンザニア

どうしてそこまで深煎りにするのかといいますと、7のポイントのあたりで、甘みが生じるからです。私の焙煎はこの甘みを引き出すための焙煎なのです。しかしここまで深煎りにすると、苦みが出てきます。深煎りによる苦みは、7のポイントのあたりから増してきて、7・10のあたりから急に増えます。そしてこげ臭くなっていきます。深煎りが嫌われる理由は、このスモーク臭と、強い苦みにあるのです。ですからそこまで焼いてはいけない。

しかし、7・00から7・10と一歩踏み込んで焙煎していくところに、より濃厚な甘みが発生するのです。これは豆によって異なります。7・00位ですでに苦みが強すぎる場合もありますし、7・10位の時、出てくる苦みを抑えて、濃い甘いコーヒーを実現することもあるのです。ここいらへんのバランスが難しいのですが、甘みが苦みを包み込んでいるといえるか、甘みの中に苦みが溶け込んでいるといえるか、要するに甘みのほうを苦みより多く感じられなければ、うまくいったとはいえません。人によっては、苦みのほうが勝っている時に、この苦みがいい、甘みを含んだ苦みだからいいのだ、という人がいます。甘みが苦みを含んでいるのか、苦みが甘みを含んでいるのか、天秤がどちらに傾くか、まあ好みもありますし、楽しくもある境界です。

苦みが焙煎の進み具合によって、どのように変化していくのか、その図はよくわかりません。ただ、7・10を超えて深煎りにしすぎた時に、急激に苦みが増していくことは確かです。

その豆が持っている苦みの質にもよりますし、ローストの過程によっても、苦みの質は異なると思われます。ガスの火力を早め早めに弱めていって、ゆっくり時間をかけて焙煎した場合、出てくる苦みは穏やかで、甘みを立ててくれるように思います。そう、ここで苦みが穏やかになるのです。

6・90、6・80と浅めに焙煎していくと、苦みは少なくなっていきます。苦みが最も少なくなるポイントがここ、ということはできません。それでも深煎りによる苦みの山と、深煎り前の苦みの山とでは、苦みの原因が違うらしい。二種類の性質の苦みの存在を教えられたのは、科学者のコーヒーの本でした。私はその記述を目にした時はうれしかった。ひとつ目の山が消えていき、ふたつ目の山が生まれ始める谷の部分が、苦みの最も少ない部分であろうと思われたからです。自分が探していたポイントを、裏付けられた気がしたのです。苦みが少なくなることによって、甘みがより感じられるポイント。このポイントも、6・90、6・80、6・70、豆によっても、焙煎によっても変化します。さらに今度は酸みが多く出てきます。

さて、酸みをどのように取り入れるか。焙煎する人にとって、最も大きなテーマです。6・90、6・80と浅煎りにするにつれて、苦みは弱まりますが、甘みも少なくなっていきます。そして酸みが多くなっていくのです。そうすれば酸みの強いコーヒーになってしまい、深煎り好きの人にとっては、それは困ります。酸みを残すにしても、できるだけ少なくして、甘みとのバランスをとりたい。やはり天秤が甘みに傾くようにしたい。酸みを含んだ甘みに傾くようにしたい。

現在の焙煎を例にして説明します。

例えばコロンビアの場合、甘みを重視して、7・0のポイントで焼きたい。7・0ですから酸みは〈0〉です。ここに気配程度の酸的要素を残したい。かすかに酸みが含まれている……という程度です。7・0マイナス、ちょっと。

タンザニアの場合、7・10のポイントで焼きたい。酸みは〈0〉でいい、コロンビアより苦みが少し出てもいい、濃い甘みを出したい。少し危険です。どうしても苦みが勝つと、味は重くなる。そして暗くなる。穏やかな苦みのためには7・05のポイントで焼くべきか。もう一歩焼くか、手前で止めるか、瞬間の決断です。

グアテマラの場合、6・90のポイントで焼きたい。酸みが出ます。それに少々渋みが出ます。私はこのグアテマラの渋みを、ほんの少し取り入れようと思って、グアテマラを仲間に入れているのです。しかし渋みは出すぎてはいけない。酸みも残したいが少なくしたい。6・95に焼きたい。

こんなに細かい数字を並べるように、焙煎ポイントを実現できるのか?という声が聞こえてきますが、この数字は、味をみて初めて生まれる数字ですから、舌はそういう細かい違いを感知してしまうのです。そしてその舌に従って、ポイントの修正をはっきり意図することによって、実現していくのです。

例えば、エチオピアの場合、長く尾をひく酸みを思い切って残すつもりで6・80で焼きたい。うーん、ここが思案のしどころで、今この四種類をブレンドにしているので、全体として酸みに傾いてしまうことを恐れます。酸みは6・80、6・85、6・90とポイントを深くすることで、穏やかな酸みに近づけます。ここでもやはり、早め早めに火を弱くして、穏やかな酸みとして残したい。

このように酸みの出方、残し方を細密に考えるのは、酸みを含んだ味には表情が現れるからです。苦みを含んだ甘みの場合、苦みを弱めるためにゆっくり焙煎しました。山の谷間を探しました。酸みも強さをやわらげるために、6・80から6・90へ焙煎を進めます。表情が消えないように願いながら。酸みを含んだ味の表情とは、明るさです。軽さです。浮遊感のある軽みです。

苦みを限りなく少なくし、酸みを限りなく少なくし、そのふたつを含んだ甘みを実現する。一応、説明を尽くしましたが、この通りにはなりません。同じように焙煎しても、いつも違う味になります。手廻しロースターは、手加減だけで調整していますから、当たり前かもしれませんが。
それに好みといいますか、意図が変わる。多少苦みが強くても、濃厚な甘み、強い味を作りたくなる時があります。逆に、酸みが多めになるくらいの微妙な味を作りたくなる時もあります。

ポイント7・00
甘みは充分出ているか。
苦みが出すぎていないか。
酸的要素が〈0〉か。かすかに気配ほどであれ残っているか。
ここの傾かせ方、7・01の側に傾いていないか。

6・99の側に傾いていないか。

ポイント6・90

甘みは充分出ているか。

苦みと酸みでは、どちらに傾いているか。

同じか、並立しているか、溶け合っているか。

溶け合っている時は、酸み苦みの性質を失ってしまっているようなことがあります。さらに甘みも溶け込んでいるような時、味を表す言葉に困ることがあります。3つの色を合わせて別の色ができるような。

こういう時でも、徐々に舌に残る味がはっきりしてくる時にそれが酸みだったり、苦みだったりすることが多い。甘みの時もあるが少ないようだ。もしかすると甘みは香りの要素が多いのかな、と思う時はこういう時です。後味として舌に残ることが少ない。時間が経っても甘みが多い時は本当にうれしい。この舌に残る酸みや苦みも翌日の修正の対象です。

ポイント6・80

ここでも甘みは充分残っているか。
酸みが甘みに勝ってしまう時、勝たせておいていい酸みか、または勝たせた味にしたいか、いや弱めて甘みを勝たせるように修正したいか。その時その時の方向性と共に、一人一人の考え方が決めることです。甘みを勝たせたい人は6・85、6・90の方向へ行くことになるし、酸みを勝たせたい人は、6・75、6・70の方向へ行くことになる。

ポイント7・10

ここでこそ、甘みは充分出ているか。
苦みが出るポイントであるが、それを包み込む甘みが出ていなければならない。苦みに勝たせてはいけない。苦みが勝つとどうしても表情が暗くなる。苦みが勝つ危険性がある豆ならば7・10より7・05に7・00に抑えなければならない。

こんな時に頭に妙な考えが浮かぶんですよ。苦みが抑えられて穏やかないい味ができている時に、苦みを求める感情が芽生えることです。ちょっと苦みがあったほうがいいんじゃないか……。

それぞれの豆にそれぞれのポイントを受け持たせているわけですから、そのポイントで焙煎するのが原則ですが、少しだけずらすことがあります。ピシャリとポイント通りにできたと思える時でも、テイスティングをすると微妙に少しだけずれていることが多いので、わざわざずらすこともないのですが、意図的にずらすことがあります。

開店当初、私は酸〈0〉にこだわりました。ほんのちょっとでも酸みが残っているといやでした。少々苦くても甘みが濃厚に出るコーヒーを我がコーヒーとしていたのです。

その頃のことをよく知っている人は、酸みを少し取り入れて甘みにも軽みを持たせたようなコーヒーに不満を抱いているふしがある。作ったコーヒーが苦みが多めで困っている時、「これだよ‼　この味だよ‼」という人がいるのです。逆に酸みが多めで困っている時、「このバランスが絶妙ですよね」という人もいます。焙煎が佳境に入った時に、そういう人達の顔が浮かぶのです。私自身もどちらにでも転び得る可能性をいつでも抱えているのです。ちょっとした風の向きで、または心の揺れで、ずらしてしまうのです。厳密なポイントについて書きながら最後にぶち壊してしまうようで申し訳ないのですが、誰だってそういうことあるでしょう、ちょっとやっちゃうってこと。

では実際に手廻しロースターで、焙煎してみたいと思います。

ガス全開で始めます。……火力１００％（０分）
　緑色です。青磁色。
温まってくるとしっとり柔らかそうな緑色。

緑色の透き通り感が増すよう。
緑色が薄れてきて部分的に白くなり始める。
白色が緑色を覆うように多くなる。
蒸気が出始める。
ガス落とす。……７０％（１０分位）
白色に黄色入り始める。
かすかに緑色を含んだ黄色、柔らかい色。ここらへんの色とてもきれいです。
オレンジ色入り始める。（１３分位）
黄色含むオレンジ色、ここもしっとりきれい。
オレンジに赤味射す。
赤色増える。
赤色に薄茶色のシワ出始める。
薄茶から茶色になりながら縮み始める。

ガス落とす。……60％（15分位）
縮む。茶色の斑。
どうなっちゃうんだろう？　ホントにコーヒーになるの？という感じ。
縮みから脱却。
ふくらみ始める。
ガス落とす。……50〜40％（18分位）
茶色とこげ茶色の斑。
豆の幼さ消える。
豆、強さを備え始める。オッ!!
ガス落とす。……40〜30％（20分位）
（ここらあたりで一ハゼ、ピチッとあるか？　早めに30％に落とせば、ハゼずに
通り過ぎるが……）
めきめきふくらむ。コーヒーになる!!　意志が出始める。

徐々にシワが消えていく。

こげ茶色の領域。

豆に力、張ってくる。オーッ!! 間違いなくコーヒーだ。

丸みを持つ形が整えられてくる。

ガス落とす。……20%（23分位）

こげ茶色濃くなる。

　ここでもうひとふくらみ。

　豆の肌が張ってくる。

ガス落とす。……10%（25分位）

張りにまだ甘さあり。

もうひとふくらみ。

（ここらあたりで二ハゼ、ピチッとあるか？　早めに10%に落とせばハゼずにいくかも……）

完全な形になる。

あとは決断するだけ。

こげ茶に黒味が入る。

薄く汗をかいたような艶。ここか?

肌、ピンと張る、黒味増す……。ここか?

薄く油で拭いたような艶。ここか?（30分位）

ここか!!

ここか!!

もう一歩深くして、

ここまで!!

火を止めてザルにあげる!! これで終わり。

やり直しはできません。これで終わり。

ザルをふるいます。煙を追い出します。薄皮（シルバースキン）などが豆のふくらみによって、または攪拌によって剝がれていますのでこれをふるい落とします。手廻しロースターの場合こういうものが豆と一緒のままグルグル回っているわけで、ちょっといやなことのひとつです。機械の場合、回している最中に取り除くようになっているものもあるようです。でもザルでふるうとほぼ全部取り除けます。ザルの目を選ばなければなりませんが。あとは団扇であおいで冷まします。手の温度より低いぐらいで充分です。

さあ、テイスティングをしましょう。

豆20g、お湯50cc、お湯の温度80度、粗挽き（1・5㎜位の粉がたくさん目につくくらい、微粉もけっこうあります）。

豆は粗挽きにします。この挽き方は大切なのですが、どんな形に挽かれているか、どのくらいの細かさで粉になっているか、わからない。きわめて重要なことなのに、わからない。焙煎で豆は固くなってますから、割ればどんな形に割れるかわからない。刃で切るような方法でも刺身を切るようには切れない。臼で砕くような方法ではもっと微粉が出るはずだ。

今私が使っているミルは〈9〉の目盛りで、半分くらいは粗挽きになります。1㎜位、1・5㎜位、2㎜位の粉が半分くらい、あとの半分は1㎜より細かい。微粉も結構含まれています。これを私は粗挽きと呼びます。自分の目で決めます。目でいつもの粗挽きに間違いないと判断しています。ちょっと粗すぎるように見える時は一目盛り細かくして、目で見て、どちらかに決める。機械の目盛りより自分の目で決める。

大事なことは機械を分解してよく掃除しておくことです。奥の方に堅いスプリングが入っていて、目盛りを動かすと押されたり引かれたりするわけです。この部分を滑らかに動くように油を塗ってきれいにしておくことが大事です。ここは動くようになっているわけですから、機械も日によって少しの変化はあるようです。目で見ていつもと同じくらいでやりましょうと決めるしかありません。

優秀なミルで挽いた粉は、ほとんど微粉が出ません。その粉で作ったコーヒーはいいですよ。きれいな味になります。透き通ったような味。

微粉が含まれている場合、いろいろ寄り集まっているような味……かなあ。微粉があると雑味が出る、とは私は言いません。雑味が出るのはローストポイントのズレのせいだと思うからです。確かに極細かく挽いた粉の場合、飲みにくい味になることがありますが、粗挽きにしてその中に微粉が含まれている時、雑味をその微粉のせいにはしません。むしろ、粗い粉と微粉と両方あることによって味が深まると思おうとしているところがあります。

コーヒーは同じ粉を同じように淹れても、人によって味が違う、と言われます。それは人よりミルのせいかもしれません。同じ人が二回淹れても味は同じにはなりません。微粉の違いやお湯の注ぎ方だって全く同じにはなり得ませんし、違うのは当たり前です。違うというより、むしろほぼ同じ、といったほうが正しいと思う時は、こんなことを考える時です。

お湯の温度は80度です。少々低めですが、深煎りの場合低めでいいのではと思います。ローストポイントやローストの過程で、苦みを穏やかにしているとはいえ、深煎りは苦みを含んでいるわけです。苦みは高い温度に敏感に反応します。苦みが早く出る。この苦みを少しでも抑えるために、温度を低めにします。そして低めの温度では味が出にくい。そのためにゆっくりゆっくり点滴のようにドリップをして充分に味を抽出するわけです。温度低めのゆっくり抽出は、角を取って味をまろやかにすることにもつながります。ゆっくりとゆっくりでないのでは、かなり味に違いが出ます。

お客様で、同じようにやっているのに同じ味にならない、とおっしゃる人がとても多かったです。たぶんたいがいの場合、ゆっくり具合が足りないからです。どのくらいゆっくり淹れるのかといいますと、日常の動き、日常の時間と違うゆっくりさです。私も休みの日に自宅で淹れると、いらいらしてゆっくりとした流れに入れない時がよくありました。それが店の中では、すぐにゆっくりの流れに入れたのでした。一種の習性といいますか、その世界に入ってしまう。ポットの細口の部分からお湯が一滴一滴出るところと、お湯が落ちる線と、粉に置かれる瞬間と、粉のかすかな反応と、私の目とが一体になって、固まってしまう状態。このままドリップが終わるまで動かない——。ほとんど時間が止まったような状態。こうできるかできないかで、味はかなり違います。

まあ、そこまで固まることもありませんが、点滴のように抽出すると、フィルターの中にお湯が溜まらず、順次粉の中を流れ続けます。これは証明されていることかどうかわかりませんが、経験上、フィルターの中を湖のような状態にしない、流れを止めない、下に動き続けている状態を作る方が、抽出はより充分果たされるような気がしています。抽出の後半はどうしてもお湯を注ぐ量が増えますから、多少溜まるにしても、前半は特に気をつけた方がいいと思います。ここで粗挽きの粉の粗さが問題になるのです。微粉が多すぎるとお湯は流れにくい。粗すぎると流れが早すぎる。

ネルフィルターのよさは、ふくらむことにあると思います。木綿の繊維の柔らかさが、ふっくらふくらんでくれる。器具による壁もありません。前半、早く落ちてほしくない時、全体にまんべんなくいき渡らせたい時、ネルはじっくり含んでくれる。後半、お湯が溜まりがちになる時、ふくらみは流れをすみやかにしてくれる。ネルのふくらみはいいですね。起毛は外側、内側を洗いやすくするためです。ネルはきれいに洗うことが大切。繊維の目地が詰まってくると、流れが悪くなります。この時が替え時です。フィルターを新しくする。生地は厚手がいいです。コーヒーが透き通る。深煎りコーヒーは、透明な赤い色です。きれいな赤です。

お湯の温度、流れる速度、粉の粗さは、ローストポイント、深煎りであることと結びつけて決めるべきです。コーヒーの味をどのようにしたいのか、目指す味を明確にして、そのためにはどのくらいがいいかを考えるべきです。

私の深煎りは、苦みの少なくなるポイントを探し、酸みが少しだけ残るポイントを探し、甘みがよく感じられる味を作るための焙煎です。自分が目指す味にするために、ローストポイントを決め、焙煎過程を決め、粉の粗さを決め、お湯の温度を決め、ゆっくり抽出を決める、というわけです。

粗挽き、低温、ゆっくりは、粉のふくらみ方が大きくありません。静かにふっくらふくらみますが、穏やかです。高温で多量に注げば、ムクムクと勢いよく盛りあがります。大きくふくらんだほうが、おいしそうに見えますが、大丈夫、静かなふくらみでも充分に味は抽出されます。

回す、というより、一滴一滴ずらしていくつもりで、向こう側に注いでいきますと、手前の粉が、こっちまだあ、といいます。手前に移ってくる頃には、向こう側の粉が、こっち早く、といいます。時間をおいて注がれた粉は、ちゃんと反応してくれますし、粉と対話しながら進行していくわけです。

豆20g、お湯50cc。これはちょっと濃いです。ちょっとではない、かなり濃いです。どうして濃く作ってテイスティングするかといいますと、含まれている味を充分に引き出して、確かめたいからです。

甘み対苦み、甘み対酸み、どちらが多いか少ないか、どちらが強いか弱いか、甘みの中に包まれて苦みがあるか、酸みも甘みの中に含まれるようにあるか、溶け合うように一体になっているか、それぞれがあることを主張していないか。甘みでも濃厚な甘みか、淡い甘みか、苦みはきつい苦みか穏やかな苦みか、酸みは舌に残る酸みか残らない酸みか、こういう要素をはっきりとつかみたい。

それから大事なことは、味覚に、柔らかいか固いか、明るいか暗いか、軽いか重いかを確かめたい。さらに滑らかか、艶はあるか、とろみはあるか、透明感はあるか、淡さや弱さはあるか。全てをもつことは難しいことですし、矛盾するものもありますが、こんな要素をコーヒーはもっているわけですから、よく確認したいのです。これらの要素は、ここのローストポイント（6・80位〜7・10位）だから確かめられることですし、濃く作らなければ確かめられないことです。薄くては意味がない。ここで次回の修正点が見つかります。舌が感じた結果が修正点になるのです。

テイスティングが済めば、コーヒーは楽しむための飲み物ですから、濃くして飲もうが、薄くして飲もうが、自由です。もちろん今日はこんなによくできたのだから、濃い状態で飲んでほしいなあと思う時はあります。しかし飲むところから先は、飲む人の自由。飲む人の楽しみが全て、その人の口に含まれた瞬間のおいしさが全てです。

甘みが濃厚に出ている時、どうしても苦みも強めに出てきます。この苦みをなだめるために工夫する。苦みを少なくしたいために煎りを少し浅めにした時、酸みが強く残ってしまいます。この酸みをなだめるために工夫する。

私の工夫をひとつ書きますと、焙煎で火を早め早めに小さくしていくということです。どこでどのくらい小さくするのかを説明するのは難しい。ちょっとなだめるくらいなのですが、例えばハゼ、一番目のハゼが始まる前に火を落とす。少し落とす。ハゼは遅れる。遅れながらも始まる頃にまた落とす。するとハゼずに通り過ぎる。ハゼるということは豆がふくらむから起きることなので、ハゼると十分ふくらんでいることが確認できて安心なのですが、ハゼを合図にすることをしない。ふくらみつつあることを見ながら落とす。ハゼが始まりそうな時に落とすか、ふくらみが中ほどの時に落とすか、ハゼを合図にしない以上、確かな根拠のない状態で落とすことになる。ここの間隔がなだめ方になる。ふくらみ方を急がせずに穏やかにすることになる。ふくらみ始める前に縮むところがある。縮み方も穏やかにするために火を落とす。早め早めに火を小さくしていくということはこういうこと。耳を澄ますとピチッピチッとハゼている。かすかに聞こえる。豆の表面に痕跡も見つかる。このくらい。次に二番目のハゼが来ますが、一番目と同じようにハゼさせずに過ぎたい。もちろん火から降ろすポイントが最も重要なことであるが、ハゼを静かにさせる、またはハゼさせないことは苦みをなだめられるようだ。

酸みをなだめるためにも同じように早め早めに火を弱くしていくことしか試しようがない。手廻しロースターには何も備わっていないわけだから当然である。それでもやはり火を弱めていくのだが、酸みをなだめるためには、火から降ろすポイントを決める色見に、より重きがあるように思う。茶色がどのくらい残っている色で降ろすか、黒色がどのくらい支配するまで焼くか。さらに表面に浮いてくる汗のような艶、光沢を見極めるほうが重要だと思う。

ある日のテイスティング

①コロンビア　２０g　５０cc　８０度

甘有り。苦有り。酸少ない、少し有るか。６・９５か。甘みも少ないか？　苦みも有るが強くない。キツくない。酸と苦が溶け合って一体となっている。この一体甘みを凌ぐ。このせいか少し暗さ有り。但し酸も苦も強くはない。弱い。甘も弱い。これらの弱さ良し。柔らかさを作っている。弱さ、儚さ、薄さ、静かさ、良し。後口に甘み弱い。酸苦溶け合ったもの少し口に残る。しかしすぐに離れる。

②グアテマラ　２０g　５０cc　８０度

甘有り。酸有り。酸少々多いか？　苦↓少ない少ない。甘みも少ない。苦みずいぶん少ない。酸み少々多いが重くはない。6・85か。

軽い、弱い、柔らかい。①とほぼ同じ。①と違うところは酸みほんの少し多くて苦み少ないところ。そのせいか②の方が明るみ有り。酸に軽みあるからだろう。①に感じた暗さは苦みがほんの少し勝っていたせいか。

後口は消える。スッと消える。後口に残るもの少ない。透明なものを飲んだような感じ……。かすかな余韻あり。きれいな余韻といえる。

注：よいコーヒーだがこれを薄く作ったら（例えば20g、100cc）味がなくなりはしないかということが心配。

余韻について

これは味が消えていく時に感じるものとしてとらえたい。コーヒーの場合、あとに舌や口の中に残る味は、酸みや苦みの場合が多い。甘みが残る場合ももちろんあるが、酸みや苦みの方が多い。私はこれは甘みは香りの要素が多いからではないかとひそかに思う。それで後口には消えやすい。かすかにはある。もちろん今飲んだばかりだから、口の中に甘みは残っている。酸も苦も残っている。今日のものは酸も苦も弱い味だった。すぐに消えた。甘みも消えた。イヤな味は残っていない。それでもコーヒーを飲んだ後口は口の中に充分ある。コーヒーとして。これがコーヒーの余韻。いつまでも口から消えないものは余韻ではない。後まで残る味だ。

③タンザニア　20g　50cc　80度
甘有り。甘多し、甘い甘い。苦み有り。徐々に苦み増えてくる。口に付いてくる。しかし甘い。苦みを大きく包み込んでいる。苦みがあることによってさらに甘みが大きく感じられる。口に残るのは苦み。甘みをふんだんに含んだ苦み。酸的要素ナシ。7・10か。味に柔らかみもあるが、やはり強い味と言われるだろう。修正点は軽み、柔らかみ、浮遊感を出すことだろう。それは苦みを消していくことで近づく。しかし、この甘みの強

さは弱くしたくない。両方実現できるか？

④エチオピア　２０g　５０cc　８０度
酸み有り。甘み少ないが少し有り。苦みほぼナシ。６・８０か。酸少々多め。甘は少なめ。苦はほぼナシ。これだけでは魅力ナシというか、甘み、コク不足。つまらないものだが、ブレンドするためのものとしてＯＫ。こういうものが必要なのだ。

これら四種類を一対一対一対一でブレンドします。それぞれの豆にローストポイントの役割分担を持たせていますので、同じ割合でいいのです。これは私自身が想定するおいしいブレンドを作るためのものです。もちろんそれぞれの豆の特性を生かして役割を決めたのであって、豆の性質を生かしているつもりですが、〈私のおいしい味〉にすぎません。〈私のおいしい味〉は全ての人がおいしいと思うに違いないと思って作ってはいます。しかし、これはお前の味だと言われ続けました。豆本来の味を消している、と。以前であれば、それぞれの豆が最もよい表情を表してくれるポイントを、生かしているのです、と言っていましたが、今はそう言われてもいいかな、と思っています。閉店したからかもしれません。

この日の四種類をテイスティングした時点でこのままブレンドした場合、結果として酸みのほうにちょっと偏る可能性があると思われます。④のエチオピアを1ではなく、0・5にしてもいいかもしれません。しかし6・80~7・10の中に収まっているようですし、酸みのほうに偏るにせよ、苦みのほうに偏るにせよ、いつでも全く同じにはできていないことでもあり、まあ一対一でいいかなという感じです。ここの7・00前後というポイントは、酸みがゼロになるポイントであり、酸みを0・1残すポイントであり、苦みが0・1強く出てくるポイントであり、甘みとのバランスが浮き沈みするポイントなのです。最も微妙な味が現れたり消えたりするのです。ここの世界の中で作る、ということが大坊珈琲の味なのです。

四

どうして珈琲屋になったのか、考えてみるのですがよくわかりません。まあ自分にそういう仕事を選んでしまう、なんらかの要素があったからなんでしょう。要素であって素質ではありません。素質ということであれば、小説家になる素質とか、画家になる素質とか、スポーツ選手とか、そういう素質はあるかもしれないけれど、珈琲屋の素質というものはないんじゃないか。やろうと思えば誰にでもできる商売といえます。「喫茶店でもやるか」というような言い方をする人がいましたし、よく耳にしました。コーヒーの味なんかどうでもいいもので、場所代だよと考えられていたということです。私にも、珈琲屋ならできるかもしれないというような気持ちが、どこかにあったんじゃないかと思います。

高校生の頃なのですが、漠然とフリーのジャーナリストのような仕事がしたいなあという思いがありました。しかし、それでは食っていけないだろうから、珈琲屋をやって生活費を稼ごうと、漠然とですよ、考えたのです。なんとなく思いついただけで全くの空想のようなものですが、とにかくその頃にそういう空想が浮かんだのです。喫茶店にはよく行ってましたので、なじみがあったのです。当時学校では喫茶店に行くことが禁止されていたのですが、友人と文学談議のようなことをやりたくて喫茶店のハシゴをしてました。禁止されていることが行きたくなる魅力ですよね。そんなことが要素のひとつかもしれません。

フリーのジャーナリストになりたいという気持ちも、その頃わりとはやっていたミニコミに惹かれていたからです。マスコミではなくミニコミ。珈琲屋はミニコミを発行する拠点にもなれる、そんなことを思い浮かべたのですが、この小さな拠点という発想は、私に向いていたのかもしれません。

『たいまつ』というミニコミ紙がありました。ミニコミというには存在が大きすぎるのですが、秋田県の横手市で、むのたけじという人が一人で発行していた週刊新聞です。朝日新聞社にいた人ですが、一九四五年、新聞社も戦争責任をとるべきだと主張して退職した人です。そして一人で新聞をつくり始めたのです。私は『たいまつ』を取り寄せて読んでいました。すごい新聞でした。

〈つくる者と読むものとがいつでも打てば響き合う間柄のものでなければならない。両者が日常ふだんの生活語で語り合えることが重要である。東北は「日本の中の植民地」とまでさげすまれるほどの後進地帯とされていたから。最も濃い暗黒こそ最も光明に近い、と信じていた者にとって、そここそがふるさとであった。いなかへ行こう。一切合切やり直しだ。段々の一番下のところから、日本が一歩一歩立派になっていく、そういう中で、自分も人間として少しでも高みにのぼっていく、そうありたい。内容は主張（新聞社側と読者側の）と解説である。たとえば大きな国際的事件でも、自分らの身辺の小さな事柄とどうつながっているか、自分らの中の小さいと見える出来事が、どんな時代的意義をもち、国全体あるいは世界全体の問題とどうつながっているか、吟味が必要である〉（むのたけじ『たいまつ十六年』より）

ということは、各自が自己の感性で考えられる常識とか、正しいと思われることを行動していくことが、世の中をよくしていくことにつながるということである。基本は各自にある。一人一人の人間の考えを聞くことが、ミニコミの最も大切なことに違いない。こんなことも考えたのでした。知らせること、知ること、明らかになること、地方から発信された光が、全国に届くということのすばらしさがここにあったのです。

　高校では演劇部に在籍していました。演劇部は夏休みを利用して移動公演という活動をしていました。岩手県の中のさらに地方の小さい小学校へ行って公演するのです。その年は川尻の小学校、岩手県から県境を越えて秋田県に入ったところに「たいまつ」の横手という町があるのですが、県境を越えない手前の山の中にある小さい町が川尻というところなのです。川尻の小学校とそこからさらに奥に入った左草（さそう）というところの小学校へ行きました。ところが川尻という町には、「ぶどう座」という立派な劇団があったのです。同好の志が集まって活発な活動をしているのでした。
「ぶどう座」は劇団「東京演劇ゼミナール」（「東演」といいました）とのつながりがあって、東京でも公演を実現していました。東演とは八田（はった）元夫氏と下村正夫氏という二人の演出家が率いる劇団ですばらしい舞台を作りました。特に八田元夫演出による「どん底」（一九七〇年頃）は、リアリズムに徹した、私にとっては最高の作品でした。同じ年に別の劇団が上演した「どん底」があり、そちらの有名俳優がその年の大賞を取ったことがありました。私は一人で、違う、違う、東演のほうがよい、とくやしがっていたことがあります。

ゴーリキィの「どん底」は高校演劇を始めて、夢中になって読んだ戯曲でした。何回も何回も読みました。どういうわけか冬になると、十二月、盛岡に雪が降り始める頃になると必ず取り出して読んでました。東京に出てから、いろいろな劇団による「どん底」も、映画になった「どん底」も観ましたが、東演の「どん底」に勝るものはありませんでした。私にとっては、ということですが。

「ぶどう座」は当然川尻の町でも公演するのですが、地域に根ざした演目を選んでいたり、劇団で創作する戯曲もあるのでした。地域を明らかにすることによって、社会が明らかになるようなはっきりと問題意識を持った戯曲でした。そういう活動のゆえに、川尻の町の人達は、大人から子供まで演劇に慣れているといいますか、目が肥えているのです。我々の公演がどういう評価をされたかを考えれば、冷汗ものですが、温かい拍手をもらいました。私はこういう現象が、本当にすばらしいことだと思います。「ぶどう座」の活動は、遠くから見れば小さな明かりかもしれませんが、この町にとって、この町に住む人にとって、どんなにすばらしい明かりになっていることか、私にとっても小さな明かりのすばらしさが身にしみたのでした。

高校に進む時、商業高校を選んだのは、家が貧しかったので早く就職して家を助けるということが当たり前のことだったからです。自分としてはそれよりも、早く自活したい、早く親や教師から独立したいという欲求が、強かったからだと思います。その高校は、中央の企業へ就職するレールを伝統的に持っている学校でした。伝統を維持するためにもそのレールの上を走ることが求められましたし、親もそれを強く望みました。ただ大企業に入るということは、歯車のひとつになってしまうというイメージがあったため、どんな会社かということより、小さな会社に行きたいと主張していました。大きな傘に守られるよりも、火の粉が全て降りかかるところに身を置きたいと考えていました。でもその時はそういう気持ちは弱いものだった。早く自活したいという気持ちはあっても、働く会社の具体的なビジョンは描けなかった。そして東京の銀行に就職することになったのです。ところが、採用が決まった時から、いつやめるんだろうという考えが芽生えたのです。何かが決定づけられる時に初めてはっきり見えてくるもの。それまでは漠然としか考えていない。俺は組織に入りたくはないんだ。これは性格のようなものかもしれない。優柔不断。それでも漠然とではあっても、ある考えが浮かんではいるわけで、いつかそれがはっきり現れる。自分の中でモヤモヤしているものの輪郭が明らかになっていく。「たいまつ」や「ぶどう座」のような経験によって輪郭は作られていく。社会的なことも政治的なことも、なにより人間とはなんなんだということも、見えていないことが少しずつ見えるようになっていく。それがジャーナリストのようなことに結びついたのでしょうが、やはりまだ漠然としたものだったわけです。それでも喰うためにまず珈琲店をつくろうという空想の芽が、ここらあたりから出てきたのです。漠然と。

東京に出てきて銀行に勤めてから四年程経った時に、新しく設立された小さな会社に誘われました。この時悩んだ記憶がほとんどありません。全く悩まなかったわけでもないとは思うのだけど、将来の安定が保証されているところをやめるということが、重要な決断だということがよくわかっていなかったんじゃなかろうか。小さな組織で働きたいという漠然とした夢に促されただけだったのかもしれない。それが漠然とした夢であっても、一度心の中に芽生えたものは、少しずつ根を張っているものなのですね。自分の中の、好みの芯のようなところに芽生えたものは残る。目の前に現実になった時、突然確信に変わってしまう。あらかじめ決められていたことのようにそちらに動いてしまう。やめた後に不安が襲いかかっても、もうその時は後戻りできないですからね。そんな具合に転職したのです。

それは大きな転機でした。そこに長畑駿一郎さんがいたのですから。そこで一緒に仕事をしているうちに、長畑さんはいつか珈琲店を始める計画をもっていることを、打ち明けてくれました。私は驚きましたが、私も同じ夢をもっていることを打ち明けました。そして長畑さんの計画に参加させてほしいと願い出たのです。この時も迷いはなかったですね。何の保証も、組織もない、珈琲店をこれから開店する人について行く。何の組織もないということも、守られるものがないということも、一人で生きていくことになるということも、わりと当たり前のように納得して動いていたように思います。漠然と、または抽象的に、空想のように考えていることが、実は当人の本質だったとしか考えようがないですね。珈琲の道に入るということが平気だった。そうして「だいろ珈琲店」が始まりました。

準備段階から一緒に働かせてもらったのですが、私はまだ全く役に立たない子供でした。長畑さんは何でも知ってる大人でした。コーヒーカップは大倉陶園やイギリスのスポングなど、グラスはバカラ、テーブルや椅子、照明、ドアノブから帽子掛けまで、長畑さんの目が認めるいいもので、一分の隙もないように店をつくっていくのです。「トイレットペーパーひとつにしても、値段ではなく、どんなものが使いいいかをいつも考えていなさい。そうすれば時間が経った時に、あそこの店はトイレットペーパーにまで、神経が行き届いている店だという評判が、立つようになるのです」。毎日が勉強でした。

團伊玖磨の『パイプのけむり』が全巻並べられました。小島政二郎の食い道楽の本も並べられました。大人のエッセイです。私にとって東京の文化的な大人の世界と身近に接する、初めての経験でした。毎日が勉強でしたが苦痛でもありました。自分があまりにも田舎者で、何も知らないんだということが、あからさまになるのですから。しかしそういう世界を少しずつ知っていくことは、間違いなく喜びでもあったと思います。喜びと苦痛の板ばさみの間でもがきながら、自分の感覚が生まれては育てられていきました。またあるものは生まれても挫折したりもしました。

コーヒーの味も同じです。その頃のコーヒー専門店は、カウンターにサイフォンを並べて、世界各地のコーヒーを味わう、という形が多かったのですが、少しずつ深煎りのコーヒーが生まれていました。炭火焙煎コーヒーもそのひとつです。サイフォンの専門店は浅煎りが多かったのですが、それよりかなり深煎りでした。これがおいしかったのです。それから「コクテール堂」が焙煎する深煎りコーヒー。これがまたおいしかった。そして吉祥寺の「自家焙煎もか」のコーヒー。これが本当においしかった。深煎りなのに深煎りをあまり感じさせない、深煎りと深煎り一歩手前の要素を合わせもった絶妙な味でした。住まいが近かったこともあってずいぶん通いました。マスターが白いバージャケットに黒いネクタイを締めていました。薬局で薬をはかるように重りをピンセットでのせてはかってました。コーヒーの量をはかるのに天秤ばかりを使ってました。かっこよかったなあ。従業員も同じ白いジャケットに黒いネクタイだったと思います。

その時、「だいろ珈琲店」は、これらの深煎りコーヒーよりさらに一歩深煎りにしたコーヒーを作ったのです。両方飲み比べてみると、確かに一歩深いほうがおいしいのです。ここに踏み込んだ長畑さんの味覚は、やはりすごいと思います。この時から私にとってもコーヒーの味の基準がここに決まったのです。さっそく手廻しロースターの500g用を購入して、アパートの台所で焙煎を始めたわけですが、色を見てますので、その色になるまで焼いて飲んでみますと、その味が実現しているのです。ほんの一歩踏み込むことによって、ふっと抜け出た世界に入る、何かの憑き物がおちたように味が穏やかになる。この時の一連の体感は決定的なリアリティでした。コーヒーはここがおいしい。しかしちょっと踏み込みすぎただけで味は急にキツく別物になる。いつも成功するわけではない。ですから自分のここの狭い隙間の味覚の体感を基準に、焼くたびごとに修正点を探す作業が、全く終わりのない作業が、この時から始まったわけです。

五

「だいろ珈琲店」は青山という街にぴったりの店でした。青山には『紀ノ国屋』や「ユアーズ」というスーパーマーケットがありました。セントラルアパートや南青山第一マンションズがありました。そこには雑誌『ＮＯＷ』の拠点があり、江島デザインがありました。石津謙介さんや佐藤隆介さんがいました。向田邦子さんや糸井重里さんがいました。新しい文化を発信する人達の街でした。私は本当に何も知らない田舎者でした。私にとっては青山は、世界の違う街のようでした。

それでも私も青山に開店することになったのです。一種の憧憬のような、この街の一員になれたらいいなという気持ちがあったのです。それはどういうことかといえば、個人が個人でいられる街だということです。一匹狼的に生きている人が多いという印象でしょうか。仕事にしろ、ファッションにしろ、新しいこと、風変わりなことが白眼視されないでお互いに認め合えている街ということです。そうであれば、田舎者は田舎者らしく、未熟者は未熟者らしくやってもいいんじゃないか、そういうことも許されることのひとつになるんじゃないか。喫茶店を開店する際のイロハとして、その街の特徴に合わせた店づくりをするという教えがありましたが、自分にはそういうことは体質的にできないんじゃないか、自分の素のままでやることしか自分にはできないんじゃないかというようなことを考えていました。それで、青山に自由な街を見たのかもしれません。

こんなことがありました。青山という大人の街で開店してしまった当時、果たしてやっていけるんだろうかという不安は、かなり深刻なものでした。そんな不安を抱え込んでいる時に、舟越保武の彫刻作品に出会ったのです。時々コーヒーカップを見るために、デパートへ行っていたのですが、たまたまそこで行われていた展覧会に、ふらっと入ってしまったのです。彫刻を観るなどという経験は、持ち合わせていませんでしたし、舟越保武という名前も知りませんでしたが、観ているうちにすっかり引き込まれてしまったのです。人物の彫像です。全身像もありますが、頭部や胸像が多いのです。ブロンズもありますが、石彫なのです。とにかく美しい。修道女の胸像です。聖女なのです。信仰ゆえなのか、こんなに人間は美しいのか、と思うほど美しい。そして年譜を見ると岩手の人だったのです。この自分の人生で見たこともない美しいものを作ったのは、岩手の人なんだ。思わず後ろを振り向きました。誰かに見られているんじゃないかと思ったのです。見られていないことを確かめて、心の中で叫びました。俺達の岩手の人が作ったんだ、と。自分が抱えている田舎者というコンプレックスとは、一体何なんだ。誰だって美を描くことはできるんだ、美しいものに出会った時に、感動することもできるんだ。この時たしかに私は叫びました。芸術作品に感動するなどという素養が私にあるなどと考えたこともなかったのですが、その時の人間の精神状態によって何かが直接目に見えてくることがあるものですね。初めての経験だったと思います。

珈琲店を始めるにおいて、自分を率直に出すしかないという考え方は、自分に自信があるということではなく、そうするよりほかにやりようがなかったということです。それに何も知らない若造であるところから始めることは、私にとっては重要なことであったと思います。何かがわざわいしてお客様が来なくなるとか、何かが幸いして来てくれるようになるとかが、全て自分がかぶればいいことになる。それは私にとって望むことであり、楽しいことにもなっていったのです。若造であるということは、頑固であってはならないということです。目の前に現れることは全て、先進的なことであり、大人の考えであり、すでに世の中を歩いていることであるということです。若造は全てを受け入れなければならない。全て受け入れてから、時間をかけて咀嚼（そしゃく）して自分の血肉にしていく。どうしても受け入れ難いものがあるにしても、自分の引き出しに入れておけるか。どれだけ受け入れることができるかが試される。これは自分を率直に出した店が、どれだけ人に受け入れてもらえるかということと同じ重さであり、そうするよりほかにやりようがないという、非武装の者の当たり前の姿なのです。

　ある人にこんなことを言われました。「水商売を始めるということは、儲けてはいけないということだよ」と言われました。つきつめてみれば、売るものも人情で、受け取るものも人情なんだということを言われたようです。さらにいえば、儲かっているということは、いい商売をやっていないということになってしまうよと言われたようにも思いました。どのくらいのことを儲かってるというのか、まさか生きていけるくらいは儲かるとはいわないでしょうが、お客様商売とは、そういう要素をもっているということは、私の胸に刺さったまま抜けることはありませんでした。

その人はこういうことも言いました。「この街は私にはなじめないなあ」と。その人は文筆家であり、前衛的な雑誌に、きわめてアバンギャルドな文章を書いていた人なのです。私の目から見れば、このような仕事をしている人の印象が、青山の街の印象と重なるのです。私がこの街は別の世界のようだと思ったことと同じだとすれば、時代の先端にいるような人でも、感覚の重心は人情の側にあるんだと思いました。でもこれは意外でもなんでもなくて、むしろ当たり前のことなんだというように、私の胸の中で溶けていきました。これは組織の鎧と同じことで、どんなクリエイターであっても、自由人であっても表面的なものの内側には同じ人間が住んでいるということです。であれば受け入れられる。若造であればあるほど、田舎者であればあるほど受け入れられる。変わっていける。このようなことが、私にとって率直に受け入れて率直に出すということなのです。もしかすると珈琲店だから考えられることなのかもしれません。お客様の全てを、その職業とか、地位とか、人間に付随している要素を取り払って、対等に考えるということです。コーヒー一杯を飲むことだけはみんな同じ。コーヒー一杯分の硬貨だけで、ここの場所は平等な世界を作れる。田舎者もクリエイターも、エリートも貧乏人も、付随物を取り払ってしまえば、味わうという感覚だけになる。率直な感覚だけを大事に考えれば、みんな同じように尊重することができる。大坊珈琲店の基本方針は、このことを守り抜くこと。

珈琲店にはいろいろな人が来ます。会社の社長も来ますし、新入社員も来ます。大学の先生も来ますし、学生も来ます。そこの組織の中では、立場というものがあるでしょうが、珈琲店の中には立場はない。単にお客様と店とで立場が違うだけで、それは店の側がわきまえておけばいいことです。どんなに立派な人でも特別な対応はしない、ということはわかりやすいのですが、逆の場合でも同じにしなければ対等ではない。

例えば、入口のドアの向こうで一人の人が自分の姿を指しながら入ってもいいのか?とジェスチャーをしている。見ると上から下までペンキだらけなのです。現場が近くにあって休憩にコーヒーを飲みに来たペンキ屋さんです。入って来い入って来い!とこちらもジェスチャーを返します。こういう場合はカウンターの真ん中に、私の目の前に座ってもらいたいですね。〈対等〉という信念をもっていますから、よけいニコニコしてしまう。ゆっくりコーヒーを作ります。こういう時はゆっくり作る時間がいいのです。作り終える頃にはすっかりくつろいでくれている。「オイシイネッ」と言ってくれます。率直に言ってくれたんだと思います。よかった。こういう人は現場が続く間、毎日のように来てくれます。コーヒーが好きなんですね。それにしても、モーレツなペンキのつき方です。特殊な現場かもしれない。遠慮したくなるのは当たり前かもしれない。しかし、くつろげないとすればこちらが取り払ってあげなければならない。近道は信念だと思います。〈対等〉なんて口にできないが、信念をもっていれば顔に出るんじゃないだろうか。それだけで伝わるものだと思うのですが、どうだろう。コーヒーは普段にもまして丁寧に作る。よっぽどコーヒーが好きなのです。こんな日に不満足な味のコーヒーだったりするとくやしいですね。いつも同じようにおいしくなければいけない。

現場が終わればもちろん来ません。でも何年か経つとまた来るんです。近くに現場ができたんでしょう。ドアの向こうで入ってもいいか?とジェスチャーをしてから入って来る。コーヒーを作る。「あれから一人娘がでてっちゃってね」なんていう話しをする。「女房はしんじゃってるから一人になったんだけど、この前体調をくずして入院したんだけど、病院のベッドでね、荷物をみんな降ろしたような、スーとからだが軽くなったんだよね。病院で横になってて……」。ペンキ屋さんは小指に黒いマニキュアをしている。ペンキかな。前歯が一本欠けてしまっている。ふたつ黒い点がチラチラ目に入る。ゆっくりコーヒーをすすって「エヘヘ」と笑う。私は聞いているだけ。身体中ペンキだらけになって、ドアの向こうで、入っていいか?と身ぶり手ぶりで聞いていた人が、リラックスしてコーヒーを飲んでくれる。本当に楽しくなります。

その時、カウンターの後ろの席の人の声が聞こえてきました。「マア、ゲンキです……ガンケン、とは言えないけどね……フツーにゲンキです……」。この人は著名な作家、古山高麗雄さんでした。出版社の人と打ち合わせでいらしていたんだと思います。古山さんは青山に仕事場があり、時々コーヒーを飲みにみえるのです。健康のことをいたわられたのでしょうか、「頑健とは言えないけど……」というところだけ、ちょっと声が大きくなった。思わずそちらのほうを見ると、古山さんもこちらを見た。こういう時は全く同じ。ただ目と目が合うだけなんですが、その目は、たぶん「頑健とはいえないけど、コーヒーはおいしく飲めるよ」と言っている。ペンキ屋さんは「前歯は欠けたけど、コーヒーはおいしく飲めるよ」と言ってるんだと思う。こういうことを平等とか対等といっていいのかわかりませんが、みんな同じですよといえると思うのです。私の態度は対等でないのかもしれない。立派な人には淡々としているかもしれない。ペンキだらけの人には優しいかもしれない。でもこれが対等なのです。

対等であるということは、店の側とお客様との間も対等でなければならない。商売をしているわけですから、これは難しさもありますし、誤解も生じやすいですし、主張するようなことではありませんが、最も大切なことかもしれません。対等であるということを、友達感覚と誤解してはいけない。いらっしゃいませと言うところを、コンニチハと言うような、そんなことではない。店に迎えるわけですから、いらっしゃいませと言うのは当たり前であり、代金をいただくのだから、ありがとうございますと言うのも当たり前のことです。会話の少ない店の場合、その挨拶だけが会話ですし、心を込めて挨拶することも極めて当たり前のことであります。そういうことではなく、その次のこと、この前いらしたのはいつだっただろうと想い出しながらコーヒーを作るとして、ここに来るのはいつ以来だろうと、その人が座った時に去来するものと、その人が来たことによってこちらに去来するものと、そういう挨拶の次にくるものについて言いたいのであります。おいしいコーヒーを作らなければなりません。コーヒーの代価に払わされる金額が、対等でなければなりません。いや、ちょっとだけ味のほうがよいほうがいい。お客様が喜んで代金を払えるようにできたらいい。

作家である藤本義一氏のエッセイを読んで、考えたことがあります。バーに行く時のことを書いたエッセイです。そこには、バーに寄った時に、おひさしぶりですとか、お元気でしたかと聞かれることがあるが、答えるのが結構めんどうな時がある、と書かれていました。読んだ時、私はハッとしました。その通りだと思いました。いらっしゃいませだけでいいのです。お元気でしたかは余計なのです。店の側とすれば、常連の人だからそう言ったのでしょうが、返事をしなければならないこと、または表情を作らなければならないことは避けるべきです。それに、人の目は知らない人を見る目と、知っている人を見る目は表情が違うはずです。いらっしゃいませと言う時は、誰にでもする挨拶だが、誰であるかを認めている目は、おひさしぶりですも、お元気でしたかも含まれる目になっている。会釈する仕草もまたしかり、含まれている。そして人は、含まれているものが見える生き物なのだ。バーテンダーは、いらっしゃいませと言って会釈するだけ、お客様は無表情のまま椅子に座る。いつもの通り。こういうことには反論があるでしょうね。

いきなり、お元気ですかと聞かなくても、コーヒーを作り、時間が経ち、手がすいた時にそっと言えばいいと思う。そう思いながら作業を続けていても、そういう時に限って手がすかない。帰る時にひと言声を掛けられればいいと思っていても、それもできずに帰ってしまわれることが多い。でも、そんなことをあれこれ思いながら作業していれば、単にありがとうございますと言う時に、「お元気で」という感情は濃く入ってしまうことになる。たとえひと言も言葉を交わさないにしても、そういう関係は無言の中に、諦念も含めてだけど、受け取られていることになりはしないだろうか。

珈琲店の場合、常連になりたくない——という考えの人はいると思います。想像ですが、結構たくさんいるような気がします。何度も来るようになるにしても、常連のような扱いは受けたくない。無表情で座って無表情で帰る。時に同じ人と居合わせることも生まれますが、なるべく話しかけられたくないし、話しかけたくない。人間関係を作りたくないというほどではないにせよ、こういう好みもよくわかります。私に話しかけるのであればいいのですが、隣にいる人を話しの中に引き込もうとする場合は、私が話しを引き受けて、広がることを弱めるようにしていました。こういうことは決まりではないわけですから、ほどほどにではありますが、常連の人に占領されている店の印象は避けたかったのです。いつも来る人も、初めての人も同じように座ってもらいたいのです。いつもの人には努めて口数を少なくしていたと思います。というよりいつも通り目を合わせるだけで気持ちは伝えられる。そうではない人には落ち着いてくれているのか、何か求めていることがあるんじゃないのか、気を使う。これも対等の要素です。

それからコーヒーについての、知識の豊富な人も、初めてコーヒーを飲みに来たような人も、同じように座ってほしい。コーヒー談義にはなるべくならないようにしたい。〈通〉が集まる店にはしたくないということは、かなり強く意識していました。いやそれよりも、実は私にはコーヒーに関する〈学識〉がなかったのです。

深煎りのコーヒーがおいしいと気がついた時に、さらにもう一歩深煎りのほうが自分にとってはおいしいと確信したことが、味作りのスタートでした。そして深煎り豆の色を見本に、初めて手廻しロースターで焙煎した時に、まあまあそこの領域のコーヒーができたのでした。それは幸運なことでしたが、いつも同じようにはできないということにも気がつきました。それから修正修正の焙煎人生が始まるのですが、毎日毎日営業を続けながら行われることですから、許容領域の中で行わなければならないことであります。許容領域というのは私の好みの感覚が決めたことであって、その中であればそれでいいのであります。その次にコーヒーの産地の研究とか、歴史の研究とか、科学的な成分とか、そういうことにはあまり興味は向きませんでした。全く恥ずかしいことです。今でも学究的なことを質問されれば何もわからないことばかりです。おいしければそれでいいか！というわけ。うーん、やっぱり恥ずかしいです。そのかわり、深煎りのギリギリの限界はどこかとか、浅煎りの要素はどこまで許容できるかとか、ローストのほんのちょっとの変え方で、味の表情がどう変わるのかというような、微細な変化には毎日毎日、一喜一憂するようになるわけです。

味覚というものは、大多数の人はほぼ同じ感じ方をしているんじゃないだろうか。ただ感じた味の表現の仕方や、好みが人によって違うだけではないだろうか。表現ということは、経験の違いだったり、言葉の使い方だったり、好みの方向性だったり、いろいろな違いがありすぎるほどですが、基本的な味覚はほぼ同じでは、と私は考えます。もちろん体質的には何かの味に敏感だったり、何かの味に鈍感だったりすることはあるかもしれない。しかし、体質の違いで決定的に違うということは、わかり合えること、了解し合える事柄に入ると思います。目が不自由だとか、耳が聞こえにくいとか、肌の色が違うというものと同じ要素にすぎない。味覚は対等であるということを信じることによって、珈琲店におけるお客様を全て対等に考えられるわけです。

コーヒー談義が高じるとどうしてもこだわったような、わかったような話しになります。それはまわりからすれば、耳障りなことに違いありません。できるだけそういうコーヒー論の話しには、ならないようにしたい。それよりも、クリームを入れることを遠慮している人に、前もってクリームが添えられていることのほうに気を使いたい。砂糖とクリームは、使うかどうか確かめてから用意するのではなく、要求されてから出すのでもなく、初めから用意しておきました。これも対等ではないですね。〈通〉じゃない人のほうに気を使う。ですが、そうすることによって全体の空気は同じように流れるんじゃないだろうか。

　こんなことも教わりました。お客様商売というものは、全てのお客様に、自分は特別なんだと思わせることが肝心なんだと。たしかにそうかもしれませんが、私にはそれはとても難しいように思えました。私にはできそうにない。それよりお客様商売としては、逆かもしれませんが、誰も特別な人など一人もいないんだと思われるほうが、いいのではないか、これも珈琲店ゆえの考えかもしれません。誰であっても特別はないということは、徹底的にやらなければならないことです。少しでも特別を作れば崩れてしまう性質のものです。こちらも難しいには違いありませんが、私にはこちらの道すじの方が、明瞭に見えたのです。乱暴な言い方をすれば、無愛想であり、無口であり、何もしないということです。そうすれば大事なものは味であり、静寂であり、空気であるということです。こちらのほうならできるんじゃないかと考えたのでした。

近所に勤めている女性が「コーヒーゼリーをいただきに来ました」と言ってカウンターに座りました。一時期コーヒーゼリーを出していたのです。生クリームと黒砂糖のシロップを添えて出していました。「お昼に隣のおそばを食べて、そのあとでこちらのコーヒーゼリーをいただくと私にはピッタリなの」などとおっしゃったりしました。ある時初めてブレンドコーヒーを頼まれたのですが、顔をしかめて、それでもニコニコしようとしながら「ニガーイ」とおっしゃった。ハハハ、正直ですね。私もついニコニコしてしまいました。「ゴメンナサイ、ニガインデス」と言いました。

もう一人女の人ですが、この人は友達がここでアルバイトをしていたことがあって、来てくれたんですが、「ワタシ、コーヒーはキライなので、紅茶をいただきます」と言いました。正直ですね。次に来た時も「コーヒーはニガテなので、紅茶をください」と言いました。自分の感覚に正直な人は気持ちがいいですね。それでも来てくれているんだからこちらとすれば余計うれしいのです。人の感覚や好みは、それぞれに違って当たり前のことなのですから、それを率直に表明できることは、対等にお互いを尊重できることだと思います。こういう時には私は特に楽しくなるようです。

年齢の違いも、全く対等であったらいいですね。もちろん年下は年上に敬をもって接しますが、コーヒーを飲む時だけでも年上も年下に敬をもてたらいいですね。コーヒーという飲み物が自由であるということが、本当にいいことに思えるのはこういう時です。味覚は全く個人的なものだということです。珈琲店という空間が、自由な空間であり、老人も子供も、通も初心者も、常連も、味わいはその人一人の感覚に委ねられる。茶席のように、何か求められるものがあったり、酒席も多少気を張ることがありますが、コーヒーは自由だ。

この自由ということは大事にしたいことですが、その時その時、その場その場で加減がありますね。店としてはどんなに親しい人であっても、友達言葉にはしない。ですますをはっきり言う。どんなに年下の人でも、クン呼びはしない。従業員を呼ぶ時も、クンとかちゃんとは呼ばない。みんなサンで呼ぶ。従業員も私をサンと呼ぶ。それは常連の人が従業員を呼ぶ時に、ちゃんで呼んでもらっては困るからです。珈琲店の自由は、クンやちゃんのほうにいきがちなのです。こういうことは、ある距離をもつということです。この距離感が全体の空気を平らにすることになるんじゃなかろうか。多少水くさいようでもあり、毎日のように来てやってるのに他人行儀なと言われそうですが、そうすることによって、一杯一杯丁寧に作るという行為と、一人一人が待つという時間と、味わうということが対等に繰り返されることになるんじゃなかろうか。

老人と若者が並んで腰掛けている時など、間にかすかに緊張した空気が生じていても、コーヒーを口にした顔は二人共、「ウン、コレコレ」という顔をしていると楽しいですね。こういう時に大切なのは、二人の間に生まれているかすかな隙間なのです。両方にほんの少しの緊張ともいえない、遠慮のような、慎しみのような、触れてはいけないような空気がある。内面に抱えているものは両極端に違うのかもしれない。飲んでいるのは同じコーヒーである。同好の志ともいえる、味わいは通じるが隣との緊張感はある。

こういう空気は、対等だから生まれる空気だと思います。人生経験の豊富な人であろうと、社会に出たての若者であろうと、コーヒーを飲むという行為を対等にわかり合えるから、生まれることです。こんな時も、コーヒーはおいしくなければいけません。この味、この味と思われるくらいおいしくなければなりません。

珈琲店にはいろいろな人が来ます。有名人も来ますし、近所の人も来ます。しかし対等ということを基本に考えておきますと、いつ誰が来ても同じようにしていればいいのです。相手によって変えることは何もない。これ、楽なんです。これ珈琲店だからできるんです。そして、それを自分達の当たり前の日常にしてしまう。そして休まない。いつ誰が来ても同じようにということは、いつ誰が来るかわからないから、であり、いつ誰が来てもかまわないように、です。当たり前の日常にしてしまう、ということは、特別なことではないごくごく当たり前のことであり、日常のことと考えられないことはやらない、ということです。生活も、トレーニングも、開店時間も、花を活けることも、焙煎することも、毎日の当たり前にやってしまう。もしかするとこれは何もやらないということと同じ意味のように思えないこともないですね。ほとんど全部、黙ってやることです。対等とか平等ということにせよ、表明することでもなければ、主張することでもありません。黙っていることです。黙っていれば実現することばかりです。黙っていれば何も生まれないが、何も生まれないことによって実現することもある。常連も生まれないし、通も生まれない、しかし対等は生まれる。

そして休まない。いつも開いている。珈琲店はいつでもそこにある。誰でも寄れる。「水の駅」の水のように――。

六

「水の駅」とは転形劇場の無言劇です。水とは広場の水道の水です。いつでもそこにある水に、人々は立ち止まる。水を飲む人もいるし、足を洗う人もいる。水のまわりで人間模様がくり広げられる。しかも無言で、ほとんど表情もなく繰り広げられる演劇です。そういう水は人間社会に必要なものなのだ。

転形劇場とは、太田省吾という劇作家が主宰する劇団です。沈黙劇と呼ぶ「水の駅」にはじまる「駅」三部作は、国際的にも高い評価を受け、世界二十四都市で二五〇回の上演を重ねた演劇である（ほかに「地の駅」「風の駅」がある）。

演劇の特徴は生（なま）のところにあるといわれます。舞台に立っている生の人間を見ているからでしょう、終われば全て解体される。今ここで行われたことは、いったい何だったんだろうと思われる。まさにそういう要素です。しかし太田省吾は、役を演ずるという常識から生が生まれ得るだろうか、という疑問を持ったわけです。

演劇から劇的要素を消すことができるか。ストーリーという要約を捨て、役の設定という概念を捨てられるか。そういうものを捨てることによって、現在という生の時間〈今ここ〉が生まれるのではないか。

現代に生きる我々は、時間の芯が〈今ここ〉より先にずれているといえないか。感覚的にいえば、何かにせっつかれるようにして、半歩先へ時間の芯を置いているのではないか。目に見えるもの、すれ違うものを要約し概念化し、前のめりにいそぎ足で歩かされている。雑誌などを読んでいても、何が書かれていたかすぐに忘れてしまう。もしかしたら憶えるということがなされていない。忘れるものさえなくしているといえないか。時間の芯を〈今ここ〉に戻さなければならない。そうすれば人間の生の姿の美しさを表現することにならないか。

「水の駅」は極度に遅いテンポで、沈黙したまま演じられる。中央に把手の壊れた水道。蛇口から糸のように細く流れつづける水と水の音（水の量の強弱で勢いのような感情が生まれることを避ける）。その水場に通りがかり、水に近寄り、水に触れ、やがてどこへともなく去っていくさまざまな人々のさまざまな貌（かお）。この劇の基本テンポは、二メートルを五分で歩くほどのものとする。

この遅さは、ほとんど止まっているのではと思えてしまうくらいの遅さです。例えば、水を見る時、水に近づく時、人とすれ違う時の視線とか、歩いてきた後ろをちらっと振り向く視線が、じーっと長く、止まってしまう遅さです。するとそこに、現実の人間の生の姿が見えてくるのです。時間の芯が現実に立つのです。沈黙が形式としてでなく、人間の生きる時間として呼吸するようになるのです。水を手にすくう行為が、要約でも概念でもなく、〈今ここ〉に生きている生命の美しさとして表れているのです。

転形劇場のようなセリフのない演劇に興味が移っていったのは、よくわからない状態にあるほうが、おもしろい、好奇心のようなものだったのかもしれません。まあ、あんまり説明のためのセリフが機関銃のように吐き出されるのに辟易としていたのも事実です。ある巨匠の伝記の演劇で、語り部として登場した人が、これこれしかじかの感動的なことが起きたのですと説明した時は、感動さえも誘導されるのかと、全くあっけにとられたことがありました。私にとっては無言劇の方向に興味が移っていくのは、自然ななりゆきだったのです。

一滴一滴ドリップしている時、じっと待っていなければならないお客様は、ぼんやり待っているだけなのでしょうが、一滴一滴があんまり遅いことに、初めての場合、訝(いぶか)しく思い始めるかもしれない。そしてドリップしている人の手元を見るかもしれない。それから顔をのぞき込むかもしれない。それは無表情です。そしてまた一滴一滴に目は戻るでしょう。その時、その人は、さっきより一滴一滴の遅さに近寄っている。だんだん呼吸が合ってくる。身体が遅さと同じくらいのゆるさになる。よく待っている人がこっくりこっくりすることがありました。一瞬我を忘れる。〈今ここ〉という時間の芯に戻れたのか。

そしてコーヒーをひと口啜る時、「ちょっと違う」と思うかどうか、ここが別れ道。コーヒーの色を見る。もうひと口啜る。もう一度ドリップした人の顔に目がいく。ちょっと目が合う。すぐに目はそらされるが、この時ドリップした人は、おいしいと思ってくれたかなと思う。飲んだ人は、違う味と感じたことを気づかれたかなと思う。どちらもまた無表情に戻る。珈琲店の孤独な者どうしのやりとりです。無言だから実現する楽しみですね。楽しみともいえない、ひとつのプライバシーです。だが、その人はまた来る。いつになるかわからないがまた来るに決まっている。

毎日営業を続けていれば、しばらく顔を見せないお客様が思い浮かび、どうしたんだろうと気にしてしまいます。すると来るのです。お客様のほうでもしばらく行っていないからそろそろ行ってみようかなと思うとすれば、一緒の時期ぐらいでしょうから、なんの不思議もないのですが、それなら来てほしい人をあれこれ思い出してみれば来てくれるんじゃないかとやってみても、来てくれたことはありませんでした。当たり前ですけど。お客様を思い浮かべるということは習慣のようなものです。珈琲店は待つのです。

七

さて、開店します。朝九時に開店しますがすでに七時頃から焙煎はやってますので、三、四回は終わっています。店内は煙が漂って焙煎の匂いに満たされています。東側の明かり取りの窓から朝日が射して、煙を映している。壁を照らすスポットライトを点けると、絵が浮かびあがる。平野遼の『朝の道』です。煙がたちこめているし、絵自体が霞に覆われているような絵で、黒い色と白い色がもやもやしていてよく見えない。どういうわけかこの絵は、春から夏にかけてが合うようで、その時季は毎年これが掛けられる。晴れている日と雨の日で見え方がずいぶん違う。絵がその日によって違って見えることを教わったのも平野遼の絵だ。今日はどのような見え方をするのか、この絵はもう何年もこの季節に掛けているのだから、つきあいはずいぶん長いのだが、何が描かれているのかいまだよくわからない。

平野遼には『朝』という絵もあります。この絵は久留米市美術館にコレクションされている絵で、大きな立派な絵です。こちらの絵も一見よくわからない絵で、具象画というよりは半分抽象画といいえそうな絵なのですが、でもじっと見続けるとだんだん具象に姿を変えてくる。どこかの村の朝の風景が見えてくる。農家の建物や建物のまわりの森が、朝もやの中に光を浴びて、佇んでいる様子が見えてくる。緑の村に朝の光が射す、きれいな絵です。

『朝の道』も抽象的で具象的な要素をなかなか確かめられない絵なのです。じいーと見ていれば道のようなものが浮かびあがってくることがあるのですが、まばたきをすると消えてしまう。向こうへ行く道と左の方へ行く道があるようだが確かめられない。『朝』に比べてそれほど美しくはない。黒と白が基調なのですが、雨が降っている日などかすかに、黄色が発光するような、普段とは違う色が浮いてくることがある。そんな時、ハッとする美しさを見る。それでも目を移動させてもう一度戻るとまた消えている。そこらへんに不思議な魅力が生まれる絵です。『朝の道』を好きな理由です。

花が活けられます。たまには私も入れますが、たいがい妻が活ける。前の日のものをまた使うことが多いのですが、ちょっと小さくして、花器を替えたり、何かを足したりちょっと工夫して活け直します。花を小さくしていく時、前の日とは違った形できれいに活けられると楽しいものです。花瓶の場合もありますが、鉢だったりコップだったり、コーヒーポットだったり、使えるものは何でも使って入れます。

陶芸家の人達の作品はおもしろいものがたくさんありますね。大きなものも小さいものも、花器として作られたものではないものでも花活けにしてしまいます。この組み合わせの工夫が楽しいのです。華道家の方々は本当にじょうずに組み合わせますね。うまいですよね。でもプロのようにはいかなくても、自分達なりにであればいくらでもどのようにでも工夫できるところ、遊び心も、いたずら心もフルに動員してやっちゃう。やっちゃってから後ろ向いて首をすくめている。楽しそうに見えるので、私もやってみるのですが、私はへた。うまくできないんだなあ。器は私自身が用意しておくのです。その中から適当に選んで使うのです。私自身花器に使ってもいいかなと思えるものを手に入れて、レコード置きの下の棚に置いておくのです。でも私が選んで花を入れてみるとへたなのです。どうしても不自然になるので入れ直してもらいます。ごくまれにですが、まああいつもよりはマシかなという出来の時があるのですが、その時はたいがい陶芸家のキムホノさんの器を使う時です。キムさんの器はもともとちょっと変なのです。どこか違和感が生まれるものが多いのです。ところがそれに花をひょいと入れると、入れ方のへたな様子が消えてしまう。器の変なのと入れ方の変なのとがもつれあって、変な感じのいい感じになってしまっている。あれっと思うような。こんな時も楽しくなりますね。

いつだったか華道家の栗﨑昇さんが、おにゆりを持ってきてくれたことがあります。近所におられたのです。庭で丹精されたもので、見事なおにゆりでした。大きい。茎の径が三センチメートル位はありました。花も大きい。大きな蕾が六個も七個もついていて、高さは二メートル位もあったでしょうか、棚に立てると天井につかえてしまう。惜しいけど茎を短くして、葉っぱを素手でバシッと大胆に落として、ぐいっと活けてくれました。腰のふくらんでいる鶴首の壷ふたつに、天井まで届くおにゆりが二本、絵の両側にそびえました。異様に立派だった。花が店を支配した。毎朝茎を切っては水を替えてました。だんだん高さは短くなってましたが、花は全部一日一個ずつ、最後の一個まで開きました。なかなかスリリングな時でした。最後まで元気なままでした。

栗﨑さんがまたある時に、今度は小さいねじ花を持ってきてくれました。六本木から青山まで歩いてくる道すがら、摘んできたのでした。都会でも結構あちこちに出てるものです。六本木には「西の木」という栗﨑さんのお店がありました。花とお酒と料理を楽しむサロンです。向田邦子さんなどがよく行っていた店です。そこから青山までよく歩いておられました。栗﨑さんはよく歩くお方で、上野の博物館まで歩いていっちゃうのです。そして上野へ行った時は、「北山珈琲店」に寄ってきてその様子を話してくれました。とにかく変わっている珈琲店だと、客席にコーヒー豆の大きな袋が積んである、まるで倉庫のようにとか、とても楽しそうにお話しになりました。それから私も上野の博物館や美術館に行った時は、北山珈琲店に寄るようになったのです。たしかに、待ち合わせに使ってはいけませんとか、コーヒーを飲むだけのために来てくださいとか書いてあったり、藝大の先生の彫刻作品が場所を占領していたり変わっていることは変わっているのですが、気持ちはわかりますし、他の人に紹介しても、みなさん変わっているところを楽しんでいたようです。なんといってもコーヒーをすごく大切にしているがゆえのことなのですから。そしてコーヒーがおいしいのです。オールドビーンズで濃く淹れている。多少倉庫のようだってコーヒーがおいしければそれでいいですし、店というものは不思議なもので、西の木のような花をきれいに飾ってあるような店でも、半分倉庫のような店でも、楽しめる人はなんでも楽しんでしまうのです。

西の木が閉店した時は、栗﨑さんも寂しそうにしていました。今の私はその時の栗﨑さんの気持ちはよくわかります。誰が来るかわからないが待っている。あの人が来る。あの人が来る。花を喜んでくれる。楽しかったんだと思います。楽しむということを知っておられた人だから、楽しむことがじょうずな人だから、よけい寂しみがあったのかもしれません。ねじ花は「もじずり」といって万葉集にもでてくる花ですよと教えてもらいました。ねじ花が咲く頃には、見つけては摘むようになりました。

それからいいぎりの木の実のことを教わったのも栗﨑さんでした。秋の深まる頃、かなり高木なのですがいいぎりの木の下に、まっ赤な房状の実が見つかります。実を見つけてから木を見上げるわけですが、私はどんな花をつけるのか知りませんし、木を見ていいぎりとわかるわけでもありません、実だけを知っているのです。明治神宮でも、代々木公園でも見つけました。ひと房拾ってきて白いお皿に盛ってそのへんに置いとくだけでいいものですよ。こんなことはへたな者にもできるのです。

毎朝開店と同時に来てくれる人がいました。栗崎さんのところで働いている人なのですが、朝九時に必ず来ました。開店が五分遅れることも許されないのですが、それはかえって私にとっては心地よいものでした。当たり前のことを当たり前にやるということの、最も基本的なことは時間を守るということに違いないのです。その人は時々庭の花を持ってきてくれました。河原撫子とか蛍袋とか、その時々咲いているもののなかから一輪だけ、手に持ってきてくれるのです。これは助けられました。奥の床に小さく活けるだけで、店はガラリと変わります。生き生きとしてくる。花の生命の力でしょうが、小さいと余計に生き生きとするように感じます。

いつも一日の最初の一杯はその人のために作るのです。朝の焙煎の煙が漂っているなかで、窓から光が射し、花が一輪咲いていて、最初のレコードが流れ始める。キース・ジャレットの『ザ・ケルン・コンサート』か、ジム・ホールの『アランフェス協奏曲』か、ニーナ・シモンのこともありました。なんでもいいんだけど、そのうちタチッタチッとコーヒーが落ちてくる。朝一番の一杯は慎重にやりませんとお湯がガバッと出てしまいますので、特にゆっくりゆっくりと唱えながら注ぎます。そうするといつの間にか身体が固まってきて、いつも通りの時間ののろさが習性として戻ってくる。注ぎ終わるとゆるみます。コーヒーをお出しして、店内を見渡して、そして花を見ます。

この時花がちょっと気になることがあるのですが、自分にとってちょっと気になるだけで、誰にとってもということではないかもしれません。例えば河原撫子を一本活けているると仮定します。花びらが細く切れ込みの深いサラッとした撫子だとします。栗崎さんの庭にはそういう花が植えられているのです。その花器を信楽の旅枕と呼ばれているような焼物に入れるとします。すると、板の壁ですからぴったりはまるのです。そんな時に気になるのです。茶室じゃないんだし、珈琲店の花としてはちょっと照れる。ぴったりであって雰囲気もいいし、小さくて慎ましいし悪いところなんてあんまりない。茶室のような空気を珈琲店で実現させたいという考えも私はもっています。それでもちょっと悪いような申し訳ないような、ちょっとずれているほうがいいような気になる。茶花というものはすばらしいものです。私は学んだわけではありませんので、理解しているとは言えないのですが、器の佇まいも花の慎ましさも本当にきれいです。それでもやっぱりコーヒーですから、たいがいお客様は洋服を着ていますし、コンピューターを使っている人だと思いますし、流れているのはジャズですし、こんな時、キムホノ陶を使いたくなるのです。キムホノ陶も決して日常的とはいえないものです。旅枕のほうが日常的といえるかもしれない。それでも茶室の花ではない珈琲店の花としての相性があるんじゃないだろうか。うーん、これは私の個人的感覚に過ぎませんね。キムホノ陶のちょっとしたズレと意外性のような違和感は、茶花のようだという照れのような違和感より珈琲店に向いている違和感だとはいえるんじゃないか。もちろんキムホノ陶を茶室に用いている人もたくさんいると思います。茶道にも意外性や前衛性を求めている人はいるはずですから。私の珈琲店は前衛的ではないと思います。どちらかといえば古風だと思います。それでもキムホノ陶を用いれば、ジャズや、窓から入ってくる車の音や、街宣車の大音響でも、なんとなく話しが通じるような気にさせられるのです。それとコーヒーの苦みとも。私はコーヒーに自由を求めていますし、自由を感じてもいます。別に茶室や茶花を自由でないものと決めているわけではありませんよ。仮にキムホノ陶をポストモダンと呼べば、さらに未知という意味を持たせればコーヒーの自由さとよく合うような気がするのです。そして私はこういう自由と、意外性とを、珈琲店の日常にして、珈琲店の当たり前にしたいと思うのです。毎日コーヒーを作り続けるわけですし、毎日花を活けるわけですからもともと日常になっていることはその通りなのですが、ここに来る人にとって、ある人にとっては非日常の面が少し生まれるかもしれない。何かの意外性が生まれるかもしれない。キムホノと花との意外性だったり、平野遼の色の見え方が妙に美しく見えることもあるかもしれない。珈琲店という場所が、職場でもない、家庭でもない、かすかに非日常の場所として来る人には、楽しくなってしまうことにもなるかもしれない。

珈琲店という場所が誰でも行ける場所であり、待っている者にとって誰が来るかわからない場所である以上、花の印象がどう転ぶのか、絵の印象がどのように作用するのかわからないのは当然です。コーヒーの味も好みは一人一人違うわけだから、コーヒーを苦すぎと思っている人も、こんな絵は気分を暗くすると思う人も、隣り合わせに座っている。早く退散するに限る——と思われる人もいるでしょう。珈琲店はすぐに帰ることも自由です。

八　キムホノ陶

私の小さな珈琲店は、モダーンな店ではありません。どちらかといえば古くさい店です。コーヒーもゆっくりゆっくり作ります。あまりにゆっくりすぎるため、お客様がこっくりこっくりするほどです。日常のスピードと違う、眠りに近いスピードなのです。珈琲店はある〈異空間〉といえるでしょう。古くさい店のどこかに、キムホノ陶を置くと、その場所にも〈異空間〉が生じます。日常に見慣れていない、使い慣れていないものだからですね。人々の目が止まる。「あれはなんだろう……」

西脇順三郎は自身の詩論の中で、固定されてあるものを破壊するといっております。自然界の構成は何かしらの要素が一定の関係のもとに、結合された組織である。これを破壊する。人生は与えられた時代や社会において、無数の経験の要素が一定の関係のもとに結合し、組織だてられた経験の世界である。これを破壊する。

〈私の詩の創作の方法とは、一定の関係の組織を切断したり、位置を転換したり、また関係を構成している要素のあるものを取り去ったり、新しい要素を加えることによって、経験の世界に一大変化を与えるのである。遠きものを近くに置き、近きものを遠くに置く。結合しているものを分裂させ、分裂しているものを結合するのである。その時は人生の経験の世界が破壊されることになる。この破壊力ないし爆発力を利用して小さな水車をまわすのである。この水車の可憐にまわっている世界が、私にとっては詩の世界である〉

これは西脇の『あむばるわりあ』のあとがきに書かれているものです。私の考えるキムホノ陶のことにもよく当てはまると思うので、抜粋してみました。詩のほうも少し部分的に抜き出してみますと……。

（覆（くつがへ）された宝石）のやうな朝
何人か戸口にて誰かとさゝやく

——
バルコニーの手すりによりかかる
この悲しい歴史
——
蒼白なるもの
セザンの林檎
蛇の腹
永劫の時間
捨てられた楽園に残る
かけた皿
——
イチジクが
人間を喰つている

——

生垣の終るところに
曲る秋の日に
青ざめる野葡萄の
うす明り

など、どことなく淋しさが漂う……と同時に、言葉と言葉の間になんともいえない、くすぐられるようなニュアンスが生まれます。「えっ」というか、「あっ」というか、火花が「チリッ」と走るような感覚に、私はなります。
こういうものもあります。

ちょうど二時三分に
おばあさんはせきをした

これなどは「えっ」というより「こんなのありかい」と思わずつぶやいてしまうのですが、するとすかさずどこからか「なんでもありだよ」というささやきが聞こえてくるのです。そうすると妙に気持ちが軽くなるような、すっと風通しがよくなったような開放感がやってくるのです。西脇の世界——詩やその他一般の芸術作品のよくできたか失敗したかを判断する時、その中になにかしら神秘的な「淋しさ」の程度でその価値を定める。淋しいものは美しい、美しいものは淋しい、ということになる——というような西脇の世界に開放されるのですね。その淋しさの漂う世界に開放されたせいで、オーケー、オーケーと軽くなった気がするのです。

キムホノ陶も同じで、初めて目にした時は「えっ」といいますか、「エ〜ッ」といいますか、異質のものへの拒否反応のような〈経験の世界が破壊され〉小爆発を起こすことがあります。それは異質のものを結合させてできている、作品自体が小爆発を起こしていると同時に、作品と私との間に発生する火花でもあります。「チリッ」「チリッ」。そんな時には小声で「こんなのありかい」とつぶやいてみるのです。すると耳許へ「ナンデモアリダヨ」というささやきが聞こえてくるのです。そしてオーケー、オーケーとキムホノの世界に解放されるような気になるのです。

はっきりと理解はしていないけれど、わかってしまったような気分。具体的な異質感を抱えながらも総体として受け入れてしまう感覚。これは瞬間的にそうなってしまうのであって、こちらに受け入れたのか、そちら側に引きずり込まれたのか、ちょっと見失ってしまうところがあります。「(覆された宝石) のやうな朝」のように。そしてそれから後は、開放された軽い気持ちで、回り道をしながら、未知と理知のコミュニケーションをしていくことができるようになるのです。店の隅とか柱の影、階段の上や廊下のつき当たりなどに、キムホノ陶を置いておくと、いかなる場所でも、小分裂、小破壊、小爆発を起こして火花が散っているのが見られます。それなのにキムホノ陶は爆発を引き起こしている張本人なのに、どこか淋しげに少し離れているような、仲間に入りたいそぶりを見せるのでもなく、かといってソッポを向いてしまうわけでもなく、佇んでいるのです。もの自身が抱える、動けないという矛盾とか、人とものとの関係の迎合しない、ある冷たさとか、ものとその置かれる場との廉恥感（ここがボクの好きなところ）とか、物の存在そのものの孤独、淋しみを内に秘めて佇んでいるのです。そうしていつのまにか〈組織だてられた経験の世界〉が転換し、風がスーッと通り抜けていくのです。淋しみのある世界に解放されるのですね。店の隅も柱の影も、階段の上にも廊下にも、硝煙の匂いを薄く漂わせ、詩的空間が静かに存在するばかり、〈小さな水車が可憐に回っている〉のです。

この見る人とものと場の関係に比べれば、作る人はそんなことはアトのマツリとほとんど考えないといえないこともないようで……。

「思わず笑ってしまいましたわ」

などというご婦人の感想に、

「笑ってもらいましょう」

とニコニコして答えている様子などは、ケチをつけられるのが当然で、それがなくなったらオシマイ……と思っているようにも見えます。本人にとっても未知のものが現れているのかもしれません。またそこいらへんにあるもの、実にたくさんのものがあるのだろうが、それを手当たり次第に手にしては、飽くことなく作り続ける様子、実にまじめで無心なことは作品に感じられます。なんでもありといったって、ボクのものはボクからしか出ないのさ、とそらうそぶく様子もよく見えるようです。金太郎飴のように、切っても切ってもどこを切ってもキムホノが覗く秘密は、そのへんにあるのでしょう。ちょっと癪だけど……。

旅人は待てよ
このかすかな泉に
舌を濡らす前に
考へよ人生の旅人

汝もまた岩間からしみ出た
水霊にすぎない
この考へる水も永劫には流れない
永劫の或時にひからびる
ああかけすが鳴いてやかましい
時々この水の中から
花をかざした幻影の人が出る
永遠の生命を求めるは夢
流れ去る生命のせせらぎに
思いを捨て遂に
永劫の断崖より落ちて
消え失せんと望むはうつつ
そう言うはこの幻影の河童

村や町へ水から出て遊びに来る
浮雲の影に水草ののびる頃
（「旅人かへらず」より）

西脇順三郎の詩はよくわからないものが多いのですが、私が好きになった理由も、わからないのが当たり前であると思えたからにほかなりません。フッ一つながらないものをつなげたり、つながっているものを切断したりするのですし、フッと思いついたようなものから、思考はあちこちに飛び回るのですからわかるわけがない。いっそこれは散歩をする人の、その時その時浮かんでは消える思考の、脳髄の散歩の記録なんだと思ったのです。そう考えれば誰の思考だってわからないものですし、自分の思考の散歩も誰にもわからないものです。誰だって同じようなものです。一人一人の脳髄の記録は違うものでしょうが、みんな同じようにどこかを散歩しているのです。そして私の場合は、そういう人が珈琲店のドアを開けるのだ、と考えられたのでした。

『西脇順三郎対談集』の中で、吉田精一氏が西脇の詩について「詩の好きな人にしても、全部がわかるかというと、そうじゃないと思うのです」と言われて、「ええ、そうです。わからないです。説明を要する。そんなことといったら、芭蕉の俳句だってわからんです。前後の関係、説明がなければ」と言い、「あの時代からすればすばらしいものですよ。そして〝わからない〟ということです」と繰り返しているのです。

『あざみの衣』というエッセイ集の中でも、〈僕自身の考えであるが、詩とか芸術というのは、何も文化的価値があるものではなく、全く倫理的価値をつけられないものである。芸術は単に神経系統に、ある種の快感という現象を起こさせるだけが目的である。(中略)自分が、たとえば、詩をつくって芸術的快感を感じようとすると、その快感は人に伝達しにくいらしい。自分の傾向として自分にも論理的にはよくわからないような思考をつくることによって快感を感じる〉。

〈芸術の快感というのは神秘的で、科学でも宗教でも説明が出来ない一つの人間が感じ得るある関係である。芸術は人間生命の神秘を象徴している。それを例えれば、相似性と相違性とが連結されている関係である。また円心にあると同時に円周にある一つの存在の関係である。また有の世界と無の世界が連結されている関係である。また時間と永遠とが連結されている関係である〉

〈詩の直接の目的は快感である〉

詩人からこう言われると、わからないことがすばらしく楽しいことのように思えてきませんか。そして、『旅人かへらず』のはしがきにある次の言葉。

〈自分を分解してみると、自分の中には、理知の世界、情念の世界、感覚の世界、肉体の世界がある。これ等は大体理知の世界と自然の世界の二つに分けられる。

次に自分の中に種々の人間がひそんでいる。先ず近代人と原始人がいる。前者は近代の科学哲学宗教文芸によって表現されている。また後者は原始文化研究、民俗学等に表現されている。

ところが自分の中にもう一人の人間がひそむ。これは生命の神秘、宇宙永劫の神秘に属するものか、通常の理知や情念では解決の出来ない割り切れない人間がいる。

これを自分は「幻影の人」と呼びまた永劫の旅人とも考える。この「幻影の人」は自分の或る瞬間に来てまた去って行く。この人間は「原始人」以前の人間の奇跡的に残っている追憶であろう。永劫の世界により近い人間の思い出であろう〉

この文章を読んだ時、私は、人間である以上、誰にでもひそむ「幻影の人」に真を感じたのです。人間である以上、共通してあるものはこれなのだ。

長い引用で申し訳ないのですが、最後に対談集の『わが詩学』よりひとつ。

〈哀愁というのはだいたい人生に対する哀愁ということ、人間の存在自身はまあ哀愁そのものである〉〈根本的な哀愁というのは人間には死があるということ。哀愁の根源だろうと思うんです〉〈それではどうするのか、まあそれは酒を飲んでどんちゃん騒ぎすることです。諧謔もそういう一つのなぐさめだろうと思うんです〉〈哀愁の観念があればあるほど諧謔を求められるんです〉〈諧謔を求めるということは哀愁を求めるということ、逆説かもしれないけどそう言ってもいいわけです〉〈哀愁を求めるということは、ぼくはね人間の一つの教養だと思うんです〉〈美を求めるのと同じなんですよ〉……。

サイ・トゥオンブリー

富士山は裾野が広い。裾野の広さが富士を雄大にしている。裾野は樹海である。樹海の中に「ナノリウム」というギャラリーがある。夏八月にここでキムホノさんの展覧会が行われました。

どうしてギャラリーをこんな山の中につくったんだろうと思ってしまいます。一体誰がこんなところに来るんだろうと。でもいいところです。まわりに人家がほとんどない森の中、現実から遠く離れて単純な一個の人になれる。こういう場所を求める人が結構いるのですね。驚く程常連が多い。小旅行を兼ねて展覧会を楽しむ人達が多いのです。

私自身も小旅行を楽しむつもりで出掛けたのでした。

ナノリウムのテーブルでお茶をいただいたのですが、まわりの自然の森とキムさんの妙な茶碗とが、違和感なく並んでいるのがおもしろいのでした。そしてキムさんの昔のアトリエのことが思い出されました。アトリエもつぎはぎだらけのような、分裂して増殖を続けてるような妙な建物なのです。そこでタンポポコーヒーを飲んだのでした。コーヒーカップやコーヒーポットはキムさん自身の作品、コーヒーもケーキも自家製、ひとつひとつ妙な自己主張をしているのに、テーブルの上には不思議な調和がありました。キムさんのもの同士が集まった時は妙な調和がありますが、自宅に置いた時も、そこの場所との関係に生まれる不思議な調和。さらにこんなことも話されました。キムさんのものを自宅に置くと〈静かになる〉。静物とはよくいいました。そのもの自身も静かですし、置かれた場所も静けさを増す。動物でもない植物でもないゆえの静かさです。キムさんのものはさらに独特の妙な静かさが生まれるような気がします。

その時私は根元的なものなんじゃないだろうかと思いました。根元的なものとは感情のことです。我々が普段に覚える感情と同じものなのですが、深いところに隠れているもの、何なのかよくわからないけれども、相手の何ものかとわかり合ってしまうような感情の共通なものなのです。それがキムさんの妙なものとわかり合ってしまう。

キムさんはたぶん、誰よりも率直な気持ちで仕事に向かうと思います。そして湧いてくる創造。これは率直な自然、それから遠くへ引き離す。妙な遠くへ――どこまで遠く離せられるか自然とのせめぎあい。この運動の時に注ぎ込まれる無心な率直性は根元的なものといえると思います。感情の固まりといっていいような、無心の時に出現するものは誰にもまねできないものです。いつでも率直になりきれるということは、もしかすると特別な資質なのかもしれません。しかし同様に人間であれば誰でもそういうものを持ち合わせているともいえないだろうか。ただ一人の力では気づかない。何かによって引き出される。それが呼応する。作る人と見る人とが呼応する時の安らかさを感じたのです。深い部分の感情が掘り起こされた時、共通する叙情が生まれる（これは西脇順三郎のいう「幻影の人」「永劫の旅人」と置きかえられる）。

夏の暑い八月に、もうひとつの小旅行をしました。富士山とは逆の千葉の佐倉のDIC川村記念美術館です。サイ・トゥオンブリーの展覧会を見るためです。暑いさなかです。かなり遠いので思いきって出掛けた小旅行です。その一年前のやはり八月の暑い時に、キムさんに誘われてサイ・トゥオンブリーを見たことがありました。私にとっては初めて見る作家でした。品川の原美術館です。キムさん自身がいうのですが好きな作家の一人であると。予備知識も全くないまま出掛けました。閉店して一年半ぐらい経った頃で、閑人にとってはこのうえない誘いだったのです。そういう楽しい閑つぶし気分があったからかもしれませんが、サイ・トゥオンブリーといい出会いをしたのです。

入口にある第一会場、ちょっと狭い部屋に入るとわりに混んでいました。人と人の間から首をかしげるようにして、初めて対面しました。デッサンなのか、版画なのか、モノクロームの紙に描かれた作品が見えました。よくわからない、現代美術。線が引いてあるだけのような、点が描いてあるだけのような絵が見えました。そのうち、だんだん人が減っていって一人だけになりました。改めて誰にもさえぎられずに全体と向き合った時、描かれている線や点よりも描かれていない余白、もうほとんど余白だけなのですが、そちらのほうが目に入ってきました。絵具が置かれていない余白の広さがそうさせるのか、気持ちが落ち着くようなリラックスするような、楽な気分になりました。そうですね、ひと休みに入った珈琲店でコーヒーをひと口、口に含んだ時のような……といったら……笑われそうですね。それらの作品は私にこう言うのです。「何も考えなくていいから……」と。

私はコーヒーに何もメッセージを込めてはいない。ただ飲んでほっとしてくれればそれでいい。いつも自分が内心で言っていることと同じことを言われたのです。言ったように感じたのです。気負いのようなものがスッと抜けていき、わかりにくい現代美術と向き合うということから解放されて、親しい友人がそこにいるような、いるだけで何も言葉はいらないような、そんな気になったのです。たぶん余白の多さのせいでしょう。余白と線のバランスということもあるでしょう。そしてそれからは全部の部屋を見て回る間、ずっと気分が楽なままでいられました。自分という存在が何者でもない、または何者であってもかまわないというような、自由な気分になっていたのです。会場は若い人達が多いのです。若い人達の多種多様な様子、カップルやグループや一人の人や、人々の様子が楽しく見えてきたり、もしかしたら私が最年長かも、なんてことが浮かんだり、あらゆることに寛容でいられるようでした。そういう気分で見ていると感覚も自由に動き回るのです。すんなり胸に収まるものや、ちょっと体をかわしてすり抜けるものや、横を向いているような絵をこちら向きにしてみるものや、ジャズのアドリブ演奏のような、ボクシングのスパーリングのような、そんなふうに美術と接することもあるんだな。よく経験することは、一生懸命凝視して考えぬいたあげく、疲れた頃合いなのか、感性のスイッチが切り変わるのか、何も考えなくていいと思える時が来ること（糸が切れたように緊張がほぐれ、楽になる時の快感はいいものです）。それがその日は初めの部屋でそういう感覚がおとずれたのでした。どちらの場合でも、作品がそうさせてくれることには違いないのですが、今考えてみますと、どうも人間の根元的な叙情が共鳴し合ったことによって、気分が楽になったように思うのです。そしてナノリウムで感じられた、キムさんの作品を自宅に置くと静かになるということと、原美術館におけるサイ・トゥオンブリーの作品から受ける、深い叙情とがつながっているように思ったのです。もう一度確かめてみよう。それまで川村美術館まで出掛けることに、二の足を踏んでいた背中を、トンと押されたというわけです。

川村美術館の名物の蓮池は時季が終わっていました。ひとつも花はありません。以前来た時は入口に蓮の花が一輪、活けてあったことを思い出しました。それでも広々とした池があり、ゆったりとしていて閑人の小旅行としては、富士のナノリウムと同様楽しい旅行には違いありません。

サイ・トゥオンブリーは原美術館の時と同じように感じました。作品は違うものですが、気分は全く同じでした。自分は寛容でいられましたし、無窮というか解放というか、楽な気分で見ることができました。そしてメインの会場は広い部屋でしたが、ここに百点もの写真が掛けられていました。ここに来るまでの部屋で見ていた、ドローイングや絵画や、版画はいい気分で見られたのですが、私にとって写真はあまり興味をもっていなかったのです。それでもここでのメインテーマは写真のようでしたので、一点一点丁寧に百点を見ました。見終わって振り返った時、広い部屋の真ん中あたりに、彫刻作品が三点置いてありました。ああたしかに彫刻もあったはずだと思いながら近づいていきました。ちょっと疲れていたのかもしれません。そんな私に彫刻作品が「やあ」と言ったのです。なんていうか、親密に。そして私自身も「やあ」と答えていたのです。彫刻作品も、これがなんなのかはかいもくわからない抽象彫刻作品です。抽象彫刻作品というより、単なる重そうな塊のような、石なのかコンクリートなのかブロンズなのか、まあ、ブロンズと塗料なのですが、なんなのか見当もつきません。それが旧知の友のような、いつも一緒にいるもののような親近感をもったのです。もしかするとこれは壁に掛けられる平面作品と、床に置かれる立体作品の違いなのかもしれないと思いました。壁に掛けられてある作品は、額の中の写真の世界を見るという関係性があるが、彫刻の場合同じ空間にいるという親近感が生まれる。さらにこいつは俺と同じ、または俺の仲間という体感が湧いたのです。あれえ、これキムさんと同じだ。同じ空間に同居している感じ、自分と同一視できるような喜びが湧いたのです。そして、キムさんのものを自宅に置くと〈静かになる〉という言葉がまた浮かんだのです。

根元的叙情に通じ合う道すじがあるとすれば、こういう感じは誰でももつものだと思います。そして人間という生き物が、奇跡的にもち続けている根元的な叙情というものは、一人一人違うけれども共通のものではないかと思うのです。共鳴するということは、作家の率直な感情の表現ゆえに、見る側も思わず、ずっと深いところに隠れていた同じものが、引き出されるということではないかと思うのです。自分とは全く異質なものであっても、人が率直な感情を表出した時は、その人を信じることができるものです。もうひとつ、同じところにいるというだけの親密感も、当たり前にあることには違いありません。一緒にいるというだけで安心できる。

西脇順三郎の詩はわからないのが当たり前と考えてみると楽になれるような感覚。キムホノの妙なものも、サイ・トゥオンブリーのわけのわからないものも、わからないことを当たり前にして、なんでもありだよと考えた時、急に親しい友達に変わってしまうような、どこかでわかり合ってしまう感覚。みんな根元的にもっている共通する感覚。みんな同じにもっているとすれば自分も相手も同じように尊重できること。ゆえに私は人と人とは最終的にはわかり合えると考えてしまうのです。

コーヒーを飲みに来る人、一人一人についても、何も話しをしないで帰られるわけですから何もわからないのが当たり前なのですが、最終的には、いつかはわかり合える者同士、存在同士であると考えることができるのです。

九　私の平野遼

私が平野遼という画家を初めて知ったのは、私の店に『階段の群像』という絵を貸してくれた常連のお客様によってでした。店の奥の壁には何も掛けてませんでしたし、花さえもその頃は活けていなかったと思います。お客様は「あそこの壁には一点絵があったほうがよくはないですか。よければ私の持っているものをお貸ししますから掛けませんか」とおっしゃってくれたのです。うれしい申し出でした。その時から絵を掛けはじめたのですが、それからは絵のない日は一日もなくなりました。その方は時々新しい絵を持ってきて取り替えてくれるのですが、何回目かの時に平野遼の絵が掛けられたのです。

『階段の群像』は、数人の階段を降りてくる女性、降りきったところに赤ん坊を抱いている女性、階段の奥のほうへ歩み去っていく女性達が描かれていた。階段にいる女性達は若く、奥へ消えるように去っていく女性達は年老いているように見えた。ある意味で女の一生の縮図のようなその絵に私が興味をもったのは、動いている人物の瞬間を切りとった姿として描かれているのではなく、動きつつあるように、流動的に描かれていることにであった。絵がうごめくように見えたからだ。それ以来、平野遼の絵が展示されている画廊を訪ね、少しずつ見て歩くようになった。

数年後(一九九〇年)東京セントラル美術館で大規模な個展が開かれた。古い作品も相当数展示され、平野遼を知って間もない私には、その画業を知る絶好の機会であった。そしてそこに展示された大量の新作に、特に抽象的な作品に私は目をみはった。絵がうごめいて迫ってきたのだ。どうしてなのかはわからないが、私には私自身の内面のように見えてしまったのだ。決して人には言えないような私自身の心理が、描かれているように見えたのだ。私に美術の素養など全くないに等しい、まして難解な抽象作品などわかるはずもないのだが、絵の中でうごめくように息づいている何かは、わからないながらも私を、脅かすようなものに感じられてしまったのだった。

平野氏はその時会場にいた。私は思わず「聞きたいことがあるのですが……」と声を掛けてしまった。しかし何を聞きたいのか、絵の中に見えたものがいったい何なのか、頭の中は混乱し全く整理がつかず、次の言葉が生まれてこなかった。その時平野氏はぐいっと身を乗り出して「聞いてください、何でも聞いてください!!」とほとんど叫ぶように言った。気圧されて私は「聞きたいことがあるのですが……よく考えてみてから……いつか聞きたいと思います」と退いてしまった。この時のこの一瞬が平野遼と会えた最初であり最後となってしまった。

一九四九　新制作派協会展出品
一九五一　自由美術家協会展出品
一九五七　東京・南画廊にて初個展
一九五八　自由美術家協会会員となる
一九六一　東京・夢土画廊にて個展
一九六四　自由美術家協会退会
　　　　主体美術協会の創立会員となる

一九六五　福岡・フォルム画廊にて個展
一九六七　北九州市立八幡美術館にて平野遼２０年展開催
一九七五　主体美術協会退会
一九七七　『平野遼自選画集』（小学館）刊行
一九七八　東京・大阪・名古屋の日動サロン・日動画廊にて個展
一九八三　画文集『熱風の砂漠から』（湯川書房）刊行
一九八六　平野遼の世界展（池田２０世紀美術館）開催
一九八七　平野遼の世界展（北九州市立美術館）開催
一九八八　画文集『街路樹の下で』（光アート）刊行
一九九〇　平野遼展——その宇宙のリズムより——（東京セントラル美術館）開催
一九九一　平野遼展（下関市立美術館）開催

一九九二年十一月、平野遼死去、享年六十五歳。その死後、一度話しを聞きたかったという気持ちは、日に日に募っていった。平野の絵を観て感じるある真実は、人間が暗く深いところに沈ませている本来の姿、作家自身のもつ人間としての切実な姿のように見える。美術を鑑賞するというよりも、平野自身の存在のあり方、生き方、思索そのものに接したいという欲求に駆られ、私はアトリエを訪問してみたいと思うようになっていった。

北九州小倉に森建設事務所を訪ねた。森光世氏は平野遼絵画の初期よりの理解者であり、収集家である。『青い雪どけ』もそこにあった。『青い雪どけ』は初期の代表作といえる作品である。

——森さんは平野の絵のどういうところに惹かれるのでしょうか。

森　人をえぐりとるような絵じゃろ。

——暴力的なということですか。

森　そうじゃないけども……平野は口じゃ言わんとよ。しかし絵を見ると、何かひっつかまれるような気がする。

――それは森さんにとってどういうことですか。何をひっつかまれるような感じになるのですか。

森　時によってはぐっとしめつけてくることもある。時によっては突き放すこともある。お互い三十代四十代に世にどう生きようかと思っとったからな。何か訴えられるよな。

森氏のいうひっつかまれるようなものとは、セントラル美術館で抱いたあの感覚、私自身の内面をひっつかまれたように感じた感覚と同じものなのだろうか。その足で小倉の平野遼アトリエを訪れ、奥様の平野清子氏に会った。

――口じゃ言わないというのはどういう意味ですか。

清子　いつもそうでしたが喋らない人なんです。何も言わない人、でも人に何か言われたがっている。何も言わないと怒るんです。

――『青い雪どけ』はもっと大きい絵かと思ってました。

清子　私はもうちょっと小さかったかなと……。第一あの絵は間借りのお部屋で描いたんですからねえ。あの絵を描いた時のことはよく覚えています。雪がばしっと降って積もったんです。ザクザクとした雪柱、その美しさを描いた。

――この絵が平野さんが認められるきっかけになったのですか。

清子　それ以前は小品ばかり描いてましたからね。平野は小品しか描かないという評価をされましたけど、この絵で認められたことは本人にとっても嬉しいことだったのではないでしょうか。

――瀧口修造との出会いもこれがきっかけになったのでしょうか。

清子　そうですね。南画廊で発表したのですが、当時はお金がなくて絵具も買えないほどで蠟画なんて描いていたくらいで……それまでは大きくても二〇号程度でしたから。

〈この作家の追求はおそらく最初に形として予定されたモチーフからではなく、画面のマチエールを塗ったり削ったりしながら徐々に像をとらえていくといった方法であるように思われる。といってもそれは偶然なものだけにたよるのではなく、作家のヴィジョンがこのような方法でしかとらえられないからではないか。一見緩慢で間接的に見える手段で、作者は異様な鬼気をもった像を生みだしつつある。たしかにこれは無口な芸術であるが、ひとつの表意文字の身ぶりをさえもった像を結んでいるかのようだ〉（『美術手帖』一九五九年八月号、瀧口修造の展評より）

平野遼三十二歳の時である。

北九州小倉北区の平野遼のアトリエは、生前のまま清子夫人によって守られている。アトリエの中へ一歩踏み込む途端に圧倒される。部屋中に気迫が充満している。描きかけのキャンバス、捨てられた絵具、使い古されたパレット、自画像、まさに戦場そのものである。それから夥（おびただ）しい数の蔵書、ＣＤ。

清子　森光世さんが設計してくれた家で、アトリエに天窓があって、障子がはられていたんですけど、「僕には光は似合わない」と言って潰してしまったんです。

——外光を遮断したのですか……。

清子　時には部屋中を暗くして照明をキャンバスにだけ当てて描くこともありました。

——仏壇の上にある『歩く人』はジャコメッティを連想させられます。

清子　はい、あれは家から離せないものですね。あの空間に置いておきたい。平野そのものみたいだから。少しうつむき加減で大股に歩く姿は……。

——まずアトリエ風景についてお聞きしたいのですが、一日の仕事の様子を教えてください。

清子　朝いちばんにお風呂に入るでしょ。軽くお食事してからお抹茶を飲みます。それから仕事にかかります。午前中は大作を、お昼休みをゆっくりとって三時まで小品、三時には必ずお茶を飲みました。夕刻はデッサンです。

——音楽はよくかけてらしたんですか。

清子　絵を描く時はいつもCDをかけていました。ベートーベンの弦楽四重奏、マーラー、バッハのマタイ受難曲、音楽はその日の気分によって違うんです。私は制作中はあまりアトリエに入ったことはないんですけど、外から聴いて今日は気持ちを高揚させているなとか、気分はいいなとか、快調に進んでいるなとかがわかるんです。

——制作中は中に入ってはいけなかったのですか。

清子　中に入ってはいけないと厳しいことを言うわけではないですけど、なんとなしに身体が気になってアトリエを覗いて、その後ろ姿で判断するというふうでしたね。

——音楽は必ず流して……。

清子　はい。デッサンを描く時はそうでもないですけど、油絵を描く時はいつも……。

——聴いてもいいですか。

清子　聴いてください。

弦楽四重奏を鳴らしてみた。グラリと自画像が動き出した。抽象画がゆれた。洪水のように平野の魂があふれて部屋を震わせた。

部屋の隅にピンで留められた小林秀雄の言葉。

ついに視力がそのまま
理論の力でもあり
思想の力でもある
そういう自覚に達
しなくてはならない

視力が衰えてきた時に、走り書きしたものであろうか。

清子　好きな絵が描けて、好きな本と音楽があれば……とよく言ってました。学歴は高等小学校までですが、難しい本もよく読んでいました。

ランボーがある。ボードレールがある（この二人は肖像写真が壁に貼られている）。ドストエフスキー、宗教の本、哲学の本、それから西脇順三郎。

清子　私は西脇順三郎が平野の好きな作家だということは知っていましたけど、まともに読んだことはなかったんですよ。でも亡くなる前にね、平野が西脇の詩集を持ってきてくれと言うので、病室に持っていって……ついに彼は読むことなく亡くなったんですけどね。亡くなってから西脇の本を読みましたら、抽象の世界というか、何かわかった気がしたんですね。何か惹かれる理由が……。

——どういう感じでしょうか。

清子　私、言葉ではよく言えないんですけどね。なんとなしにそんな感じですよね。亡くなってからある時一人でビルの側を歩いていたら、片明かりがパッとしてね、片方がすっかり影になって、片明かりした中に自分が立ったんですよ。その時、ものすごい孤独感と言いますかね。誰からにもどうしようもない淋しさと言いますか、孤独感を感じたんですよね。あっ、平野が描く孤独とはこれだ！と思ったんですよね……。

――その経験は西脇の詩を読んだ後ですね。

清子　そうです。だから、これのことかしらと思ったんですよね。

――奥様はそういうことを引きずって考えていたのですね。

清子　彼はよく孤独、孤独とか独りとか言うけど、彼は肉親がいないのに、私は肉親がたくさんいるからわからなかったのでしょうね。いつも彼を見て強いな、と思いましたね。誰にも本当に……こんな強くよく生きていかれるなと思いましたね。私は兄弟姉妹もお友達もいっぱいいましたけど、彼はここにいても誰も親しいお友達を作らないんですよ、あえて。皆拒絶してね、扉を閉ざすようにしてね……。絵はあくまで一人で描くものと思っているから、仲間でわいわい言って描くような絵描きのことをいつも批判してました。だから私は強いなと思ってましたね。話すといっても私だけでしたからね。

平野の言葉〈とんでもない、美大もへちまも……。とにかく私は逆境でね。おやじは飲んだくれで。私は母親を知らないんです。三歳の時に死にましたから。十三の時、小学校を出て進学する時期におやじも死にましたから。私は姉のところに引き取られてね。姉が三人に兄が二人いてね私は末っ子。兄は一人が戦死してもう一人も軍隊に入って帰ってきて病気で死にました。姉が一人だけ生きてますが、それも他家へ嫁いだ身ですから。普通に親子、兄弟が一緒にいるような環境じゃなかったです。そういう家庭だったからおやじを嫌ってみんな家を飛び出して離散していったんですね。私は末っ子だったから残されて淋しい思いをしましたね。毎晩おやじは飲んだくれて帰ってこないし。絵を描くことだけで。小学校二年の頃から『少年倶楽部』を見ていました。挿絵画家の挿絵を模写するとかね。小学校三年の時に初めて水墨画を描きました。おやじが酔っぱらって帰ってくると五十銭銀貨ひとつ盗んで、古本屋に行って絵に関する本を買ったりね。武藤夜舟という人の『水墨画の描き方』という本を買って、それを見ているうちに四君子とか鳥を描くことを覚えたんです。今考えると非常に暗くて、第一子供らしい遊びをしたことはないし、描きかけの絵があって明日これを全部描いてしまおうと思うと学校なんか行かないんですよ。おやじが出ていくのを待って中から鍵かけて朝から晩まで描いていました〉（『美術の窓』一九八六年十二月号、一井建二との対談より）

――小学生の頃から一人だったんですね。その頃のことを、淋しかったけれども絵を描くのに夢中で非行に走らずにすんだということを、エッセイの中に書いていますけれど。

清子　そうですね。それはよく言っていました。学校で遠足や運動会があると、一面に家族の温もりがあるじゃないですか。だから彼は行かないんですよね。それで家に閉じこもって子供心に学校から迎えが来るといけないと思って、鍵を閉めて絵を描いていたと言ってましたね。

――その頃から閉ざすという言い方は当てはまらないかもしれないけれど、拒絶する。一人でいたんですね。

清子　そうですね。

――僕はそこのところをもっとよく知りたいんですけど……。

清子　はい。父親は職人さんでお酒好きだったんです。時々しか帰ってこなかった。台風の時もいつも一人だったから怖かったんですよ。だから結婚してしばらくは、台風が来るっていうと怯えてましたよね。今考えたら子供の頃のことが尾を引いていたんでしょうね。私達なんかは台風とはいってても兄弟が多くてワイワイ騒いでいたし、朝になれば台風は去っているものと思ってましたけど、彼はものすごい恐怖心があって、台風が来ると「逃げよう」と言うんです。

――どこへですか。

清子　「遠くへ逃げよう」って言うんですよ。たった七千円しか貯金していなかったのに「そのお金全部おろしてこい」って言ってね。

――実際に逃げたんですか。

清子　はい、岡山のほうへ行って泊めてもらって帰ってきたんです。この家に住むようになっても、台風が来るというと逃げようと言うんですよね。私は台風なら絵もあるし、自分の家を守らなくちゃいけないと思うんですよ。それなのに「ホテルへ行こう」って。

ホテルなら建物が頑丈で音もしないから。

——子供の頃の何かを怖がることを……。

清子　怖いことがあっても頼る人がいないという恐怖心があったんでしょうね。

——少年の頃に絵に没頭したというのは、絵が好きだということが自分一人の時にやれることだったのかもしれないけれど、何かに耐えなくてはならないから、淋しさだとか、孤独だとか、恐怖心に耐えていかなくてはいけないから、絵に没頭したと言えないでしょうか。その時の孤独感があまりに強く刻印されたために、それが精神的に克服されていっても、内面を見つめる目にそれが沸き起こってくるのではなかったでしょうか。

清子　恐怖心というのはいつもあったようですね……。

——それは台風などで自分が失われてしまうことに結びつくのではないでしょうか。そういう恐怖。

清子　初めの頃、平野の絵を批評した人は、自分の悲しみや逆境のことばかり描いているといったんですね。それから段々、自分も落ち着いて成長していって目が広がってきたというんですか、自分だけの悲しみや苦しみだけじゃないものを描こうとしだしましたね。

——筆のさばきが大きく動くところと、こうこきざみに動くところと両方あると思うんです。このこきざみな線の動きを見ると、子供の頃に一人で小さくなって描いていた姿が影絵のように重なります。

清子　子供は狭い部屋のほうが安心するということはあると思うんですよ。それでこの広いアトリエの中にも必ず狭い場所を作るんですよ。それがずっと尾を引いているんですよ。

——例えばどういう……。

清子　イーゼルをふたつ持ってきて、その向こう側に机を置くとか、必ず狭いところを作るんですよ。凝縮した狭い世界の中でものを考えるというか……重いテーマの時も狭いところで描いていました。どこにいても狭い空間を作って……人がずかずか入ってこないようにね。

一九二七　〇歳　大分県に生まれる。福岡県八幡市に転居

一九三〇　三歳　母ミツ死亡。戸畑市に転居

一九三三　六歳　戸畑市澤見尋常小学校入学

一九三九　十二歳　戸畑男子高等小学校卒業

一九四〇　十三歳　父秋太郎死亡。徴用令により若松造船所に徴用工として働く

一九四三　十六歳　徴用工として寮生活。時折出勤時の隊列を離れて自室に戻り、終日絵を描いていた

一九四四　十七歳　現役兵として久留米西部五十一部隊に入隊、野砲通信兵となる

一九四五　十八歳　除隊。小倉市魚町にあった肖像画塾に住み込む

一九四七　二十歳　南小倉のアパートに部屋をを借りる。ドラクロワの日記、ボードレールを愛読する

一九四八　二十一歳　福岡県遠賀郡芦屋町の米軍基地内のライブラリーにポスター描きとして就職

一九四九　二十二歳　上京。第十三回新制作派協会展に蠟画『やまびこ』を出品、初入選。九段下の米軍将校のクラブ・ノートンホールでポスター描きの仕事。しかし九州に戻る

一九五〇　二十三歳　また東京。知り合いの家を転々とするが昼間はデッサン、夜は盛り場で似顔絵描きといった生活。また九州に戻り、小倉のＰＸでウインドウ装飾の仕事。ＰＸに出店していた水野古美術店水野茂の次女水野清子と知り合う

一九五一　二十四歳　福岡市や九州南部、中津などを転々とする。朝鮮戦争のため駐留していた米兵の似顔絵を盛んに描く

一九五二　二十五歳　また上京。水野清子から時々仕送りを受ける

一九五三　二十六歳　第三回関西自由美術展に『デッサン』『眠る家』を出品、土井賞を受賞。第十七回自由美術家協会展に『白い家』『兄弟』を出品、優秀作家賞を受賞

一九五四　二十七歳　水野清子と結婚、小倉に間借りして住む。夜は似顔絵描きの生活

清子　私の父は単なる骨董屋です。終戦後、骨董屋というのは小倉に二、三軒しかなくて、デパートを米軍が接収して自分の国の兵隊だけに売る店を作った。ＰＸといいましたけどね。そこに古美術店を出さないかと言われまして出したんですね。私は店番している時に彼と知り合ったんです。その頃朝鮮戦争から帰ってきた米兵が恋人や親の写真を絹絵にしてね、巻いて持って帰るのが流行ってたんですよ。うちの店でもやったんです。平野もそれを描くということで……。他にも何人かの絵描きがいてそれぞれに描いたんですが、平野が描くといつもキャンセルなんですよ。あまりにもリアルに描いて、色も……だからいつもお金が入らなかったですね。

――その頃の平野さんはどういう風でした？

清子　全然ものを言わないんですよ。ＰＸで絹絵や似顔絵描きとして、でも給料がたま

るとすぐやめたんです。

——お金がたまるとすぐ東京へ？

清子　そうです。あんまりものは言わないけど、初めて出会って間もない頃、一枚詩をね、「羊の反吐」という原稿用紙に書いた詩を私にくれたことがあったんです。それを読んで私は共感したんです。アメリカが日本を支配している時期でしょう。日本人は羊みたいなものなんですよ。平野も二世の人になんやかんや言われて本当に反吐を吐きそうだったんでしょうね。だから共感できたんですよ。絵よりも詩が先だったんですよ。

——皆さんがおっしゃいますけど、平野さんは本当に喋らないんですか。

清子　喋らないですよ。なんにも。そして今度は、「絵を描かれているんですか」と聞いたら、何日目かにバサッとデッサンを持ってきたんですよ。それを見てたら彼がひと言「鑑賞者は幸せです」と言ったんです。鑑賞者の幸せと言われたら、描く人の苦しみ、その呻きみたいなものが聞こえたんです。それがグッときてね。

——ものを言わない人のひと言はすごいですね。

清子　二人が会う時はいつも、お金がないから歩くんですよ。戸畑から小倉まで歩いたことがありましたよ。

——わかります、わかります。お金がない時はひたすら歩くんです。でも決してお金がないからだけじゃないんです。喋り下手な人は歩くんです。

清子　そうですかね。それで歩いたんですね。ひたすら歩きましたね。でもね、私、彼が信用できると思ったのは……当時、彼はものすごく貧乏しているんですよ、それなのに私がPXのペイデーという支払日があって、たまたま何十万かのお金を持っていても、「駆け落ちしよう」とはひと言も言わなかった。常套手段としては何十万というお金で、いくらでも駆け落ちできるでしょう。でも彼はひと言も言わなかったですね。

——そんなことを思いもしないんですね。

清子　まだそういう関係じゃないですしね。で、その後、両親がいくら反対しても彼と結婚したいと思っていたんです。四年間、ずっとそう思ってたんです。いよいよ結婚という時彼が言ったのはね、自分は絵を描いていきたいから、この世の中でたった一人でいいから、たった一人の理解者が欲しい、と。

平野の文章　〈雪の夜の東京駅のコンクリートを思い出す。あの頃は絵を描いて描いて、やがて東京の貧民街の路地にのたれ死ぬことを当然のように考えていた。淡路町の教会の軒下で雪の夜を明かすつもりが、番人に発見され追い出された。タオルを頭からかぶっていたのが異様に見えたのであろう。雪が降っていた。私は素足に下駄履き、黒い半袖シャツ一枚であった。よろめきながらたどり着いたところが水道橋駅のガード下に、机が多く置いてあったのか捨ててあったのか、私はできるだけ奥の方にいって震えながら夜を明かしたのだ。〝のたれ死にの思想〟というのが私の頭の隅にこびりついていた〉

――その四年間というのは、平野さんは東京へ行ったり帰ってきたりしていたんですか。

清子　一番最後は小倉に帰ってきたんですよ。私が小倉にいましたからね。でも家が定まらなかったでしょう。で、東京から手紙をくれるんですけど、いつもお金の無心なんですよ。葉書も切手も貼らないでくるんです。父なんて大反対だったんですよ。それでも「またハガキが来とる！」とは言うんですけど、私に渡してくれないことはないんですよ。そんな本当に反対していたら私に見せないですよね。それなのに「こんな手紙が来とる！」って横向いていました。

平野のハガキ〈口にのぼったひとりごと〉

お空の向ふに月があり
月の中にはしみがあり
月のまわりに黒がある
お空の下には人がいて
人の中にはスリがいて
赤やみどりや青服が

生きてませうねとさゝやいて
とにかく夜はうつくしく
水はきらきら灯は明く
ルオーのように見えますが
闇の中には毒が散る

26・3・20

新しいキャンバス、真赤な自画像
描きました　いい出来です
こいつを出します
すんだらあげる

——ご両親は娘の将来を考えれば心配ですね。でも平野さんの人間性というのは認めていたんじゃないですか。

清子　父はね、最後に「結婚なんてもってのほか。一ファンとして援助するならいい」と言ってくれたんですよ。その父のファンという言葉がおかしくてね……。ただ、父は平野の油絵を見たらぞっとするというんですね。それから「平野は胸を患っているし、清子さんが滅びるだけだ」と吹き込んだ人がいたんですよ。平野は時々高熱を出すんです。普段は元気なんですけど。東京にいた時も、あの川崎さん（平野が東京を放浪していた頃の親友で、詩人の川崎覚太郎氏のこと）が「平野が高熱を出したので、大変でしょうが上京してください」という速達をくださったんです。それで私はやっぱり行ききらないんですよ。それよりはお金を少しでも多く送ったほうがいいと思って送ったんです。

――病気はその頃からあったんですか。

清子　時々ね、バッと高熱を出すんです。「あなたは基礎体力がなってないわね」といつも平野に言ってましたね。子供の頃からろくに食べてなかったですからね。

平野の言葉〈夜の似顔絵描き、東京駅の八重洲口に屋台がずっと並んだところがあって、そこが第一の稼ぎ場でした。次が神田の駅周辺ね。どこまでも行きましたけどね。新宿に行くとやくざに取り囲まれてぶたれたり背中を蹴り上げられたりねえ……。私は先ず、カストリを飲むんです。一杯しか飲めないから、コショーなんか入れて効き目を三倍にして飲んで、その勢いで飲み屋に入って行って描くんです。イーゼル立てて待ってたって商売できないんです。店に入り込んで無理やり描いて客に見せると、気に入った人は「おお、いいじゃないか、まあ一杯飲めや」と百円札くれるんです〉

〈蠟画を発見したのは全くの偶然です。電気がつかないでしょ、家賃が払えないから。蠟燭を頼りにデッサンなんかやってましたから、水彩絵具と蠟燭を擦り付けていくと、偶然「これは面白いじゃないか」と発見したんです。紙に水彩絵具が乾ききらないうちに蠟を擦り込んで、また水彩絵具、それを繰り返すんです。そうすると紙が山あり谷ありとなって、その谷の部分に色が入り込んでいく。山の方に蠟が着くでしょう。それを削り取ると微妙な色が蓄積していって……〉

平野の文章〈この画集（小学館自選画集）に収録した作品の多くは、敗戦の荒涼とした風景が背景になっている。寒々とした日々と、酷薄な飢えが日本全体を覆っていた。そのことを抜きにしてはこれらの絵を見ることは、私には出来ない。この頃は放浪中で、落着いて制作する場所もなかった。昼間から雨戸を閉め、暗い部屋で電気をつけて描いていた時があった。なぜそんなことをしたのか、理由は今もわからない〉

平野の言葉〈明日どうなるかわからんような困難な時代に子供をつくってどうするのか。私はそういう考え方なんです。私は子供をつくらなくてよかったと思う。私は辛い立場で育ったから、子供をつくる以上はもっと豊かに育てたいと思ったけど、その自信がなかったから、生まない処置をしたんですけどね。今も全然悔いてません。かえってよかったと思います〉

――子供をつくらないと決めたのは結婚してすぐですか。

清子　すぐですね。何しろ私が働いていますでしょ。一万円の給料なんですよ。結婚当時は四畳半の部屋にいたんですが、部屋代が二千五百円なんですよ。あと七千五百円で生活しなくちゃいけない。ミルク代と絵具代と考えると、ミルク代が出ないわけですよね、幾ら考えても……。平野は自分が貧乏して育ったものだから、貧乏の中で子供を育てたくないという気持ちがあったんですよ。

——一九七四年、初めてヨーロッパに旅行して以来、毎年のようにヨーロッパのほかにも、中央アジア、ウルゲンチ、タシケント、ギリシャ、モロッコと出掛けていますね。すべて奥さん同行だったんですか。

清子　ええ、いつも一緒でした。

——その旅は彼の社会に対する怒りとか、自分自身が抱えていた孤独、そういうようなものを遠くから眺められる時間だったんじゃないだろうか……。

清子　そうです。だから割合に、瞬間的だったかもしれないですが、その時彼は解放されていたんです。私も年をとってくると面倒だなと思ったりしたんですが、飛行機に乗ると彼が文章書き出すんですよ。それを読ませてくれるんですよ。それでやっぱり来なくてはいけないなと思って。彼がふっと言った言葉がね、「俺はヨーロッパの小さい国に生まれればよかった」って。そしてミコノス島なんか行った時、町中が白い壁に囲まれていてね、人が優しくて、だからそこに一年くらいいて、そこに暮らす全員の肖像画を描いて展覧会したい、とか言ってましたね。

――自分が生まれ育ってきた環境、家庭から九州あるいは日本というものにまで、大きくなってしまった怒りの対象、それから解放されるという気持ちがあったんじゃないかと思うんですけど。外国旅行に行く以前と以後では絵に変化が見られると思うのですが。

清子　はい。

――というのは、群像を描きますよね。あるいはスケッチをするにしても、人物をたくさん描きますよね。その眼差しがすごく優しいと思うんですよ。以後の平野さんは。

清子　私はいつも感じるのですが、外国に行った時、平野は狩猟者が獲物を追うように描くんです。人物の展開も色彩も。すごいんですよ。そして心が躍動しているのを感じますね。

——そういう時は、こう狭いところで黙々と描く、そのスタイルとは違いますね。

清子　そうなんですよ。変化というか、自然に解放されるというんでしょうかね。無理やりではないですが閉ざされていたものから解放される。外国旅行のよさはそういうものというか、あちらからそうなるのか、こちらからそうなるのかわかりませんけどね。それを見るのも楽しみなんですよ、彼が生き生きとそんな風に描いているのをね。ホテルに帰って部屋にデッサンを広げて、印象が薄れないうちにそれに色をバーッと塗るんですよ。それを見ていて私自身満たされた気持ちになるんです。私自身もそれからいろんなものに触発されるというか……。

——人間というものの見方、世の中や自然やそういうものへの新しい考え方が生まれてきたのではないですか。

清子　でも私はね、非常に重たいものを描く反面、「あら、あなたにそんな垢抜けた色彩も表現もあるの」と前から思っていたんです。彼の暗い闇の中から生まれてきた宝石のようなものを感じる時があったんです。私は彼と付き合っている時に「あんた騙されてる」と何度もまわりから言われたん!! でも私は泥にまみれている中にキラッと光ったものは本物だと思ったんですよ。私はずっとそれを信じているから、本物だってことを信じているから、そしてキラッと光っているものを私が追求したいし、確かめたいと思ったんですよ。彼の中には絶えずそれはあって、若い時はそれを表現できなかったり、しなかったりしたのであって、外国に行ってやっとそれが表現できるようになったんですよ。

——例えば『青い雪どけ』でも暗いというふうには思わない、力強さのようなものを感じるのです。もともとそういうものはあった……ただ表現する時にこういう表現をせざるを得なかったんでしょうね。

清子　『青い雪どけ』って、詩の中に書いてますよね。あれがそうですよね。その日、雪がパーッと降った時に、あたたかいように感じたんです。

——きっとあたたかい気持ちや温もりを、そのまま表現できなかっただけなんでしょうね。外国でそれを表現できたのがうれしくてたまらなかったのではないですか。
清子　そうです、そうです。暗い絵はなかなか理解してもらえないですが、外国の絵は若い女性でも好きだと言ってくれるんですよ。共感できるというか……。最近、私一人でいますでしょう。「淋しいでしょう」と人が言ってくれるんですけどね、私はやっぱりずっと彼と一緒に過ごしたことを考えて、人が例えば老後のために貯金するじゃないですか。それと同じようにそれをしてもらったなと、すごく感じますよね。お金じゃなく、それによって生きられるんだなあ、と思いますね……。

青い雪どけ

空から降って来たのは白い雪だ
それが止んで　白い静寂の世界が

しばらくは空間をはしる
雑音を吸引する
雪の中をかけ出してゆくのは
子供心を素直に出した
いい年の男どもだ

その白い大地にぽっかりと
穴が開き　しずかに広がってゆく
春をまつ稲田の一角のせせらぎが
蟻のすき間から流れ出て
原始人を生み出したのだ
空からこんどは　雪ならぬ

夢を溶かす黒い陽光がそそいでくる

平野の言葉〈私のスケッチの旅は、日常性を飛び出して異質の空間に眼を注ぎ、アトリエでは出て来ない言語と思想、色彩と形態を歩きながら探し求めることでもある。日本人である私が外国の人物や風景を通じて、人間全体に共通して潜む内面の陰影をつかみ取りたいためだ〉
〈山頂の冷気が立ちこめる辺りに、数百年を耐えてきたと思われる錆びた美しい農家が並んでいた。こんな家を見ると感動する。美しく静かな農村なのである。遠い過去は未来でもある、とは瀧口修造と向かい合った時聴いた言葉だった〉
〈白く塗られたユーカリの根元に座って、塑像のように一点を凝視する老人が多かった。こんな深い森林を背景に、どこから来てどこに帰るのか、老人は自然の中で考えることを捨てて、一点を凝視することで忘我の心境に至った人のようだ。この老人の眼には確かに永遠が見えている筈だ〉

〈イズミールの郊外で、涙の出そうな街道に出た。この左右にシンメトリックに植え込まれたすずかけの見事な街路樹は、どれ程の歳月を通過したのであろうか。この太古のごとき静寂さの続くトルコの街道を、今二人の羊飼いの少年が、地上に座ってこちらを向いて微笑しているのだ。それはあたかも古代から、変わらぬ姿でそこに存在するかのようであった。神は死んだが、この少年の表情にはまだ神々の微笑が残っていた……。私が少年だった頃のように汚れた服に身をつつんでいた。この永遠的で宗教的で、たった今しがた神々が通過した……とでも想われる、突きあげてくる静けさこそ、美そのものであると私は感じた〉

〈モロッコ、この世が苦しく存在が悲しいなどと、小ざかしい思考をもつことは止めたのだ。彼等の表情に私が激しく惹かれるのは、過酷な自然の中で鍛え抜かれた精神と外貌の見事な表出による人間の厳しい顔なのである〉

——池田20世紀美術館の展覧会後、北九州市立美術館、セントラル美術館、下関市立美術館と大規模な展覧会が続きました。その時に夥しい数の抽象画が描かれました。その頃の文章に「眠っているのは人間だけだ。闇を見なくてはいけない。闇を見つめることによって見えてくるもの、それを描くのだ」と繰り返し繰り返し書かれています。その時に、外国旅行以前のものと以後のもの、両方が入るのは当然ですが、やはり小さい頃から引きずってきたものが画面を覆う……。
清子　それはもう、一生引きずっているから捨てようとしてもできないことだし、生き変わろうったって生き変われないものですし……。
——そのことについて、簡単には言葉にできないかもしれませんが……。
清子　彼にしてみたら、例えば中国の絵を見ても、あんな空間が主題のような絵を見ても、人間の深淵をつかみとろうとするから、今度は油絵で表現する時でも、深淵、心の奥底のようなものにいくんじゃないですか。命を懸けて格闘すると言いますかねえ。だから同じ水墨のような絵を描いても、一人を、普通の個人の営みとかをパッと描いてね。一人を描くと愛情をもった目で描くんですけど、群像を描くと闇のようなものが強くなるんですね。大きなものを描く時も、人間の心の闇を描くべきだと思っているんですよね。でも最後にね、たくさん小さい絵を描いたでしょう。抽象なんですよね。並べて描いたものの中でたった一点だけは、自分でできたと思って、額に入れたんですよね。

——その絵は発表したんですか。

清子　全然してません、サインを入れてないですし……。ご覧になりますか。

——はい。

遺作となった未完成作品群を観た。小さいものだけだが、二十点程の絵はどれも全く形をつくっていない。しかし未完の中に、描き始めたばかりのものの中に、すでにはっきりとある生き物のようなものがうごめき始めているのが見えた。かえって顕著に現れるのかもしれないが……。

——ずっと奥さまの話しを聞いていたからかもしれないけれど、ひとつひとつが平野さんの魂のようですね。

清子　そうですね……。こうして見るといろいろな部屋を持っていて、そしてそのすべてが平野遼という感じがいたしますね。

――僕思うんですけどね、齢をかさねてきてね、奥さまに出会って救われ、外国旅行で解放されたり、そうして最後にこれを描いた……。これを見てると、お二人が出会われた頃が浮かんでくるんですよ。「鑑賞者は幸せです」とひと言いわれた時のことが……。

清子　そうでしょうか。一服、お茶をしましょうね。

平野の言葉　〈歩いて行く空間を一閃して切り裂く線、それだ。形があって生命がある。生命があるから形がある。これは不可欠の問題だ。更に肉体があって生命がある。抽象的表現、深奥（しんおう）の空間に踏み込んで見えてくる現実に、原始人のような自由をもって立ち向かうこと。たぶんそれは凝結した石の中に輝く、結晶体のようなものに違いないのだ。無窮の宇宙にころんとひとつ存在する生命そのもの。闇の中で眼をこらし、黒一色の中からやがて、物の形態が息づいてくる。視るということはそんな眼をもつことから始まる。形のない漠とした空間を深く視つめよう〉
〈私が古代人のような眼で見ることを繰り返し主張するのは、この世に生まれてはじめて絵を描く人の眼で見ようということであり、習うことも教えることもできない感覚の領域だからこそ、描かずにいられない、人間の精神を持続せよ……と自己に言いつづける独白に他ならない〉
〈自画像を描く仕事は、果てしなく白い霧の中を歩くようなものです。目標はある気もするが、踏み出すともはや無の世界です。自己を凝視することで、遥かに遠い彼方から生成する生命をつかみとることのようであります。だから完成など永遠にあり得ないかもしれません〉
〈私の発想は、人間の頭上にぶら下がっている五万数千発といわれる核兵器を忘れては始まらないのである。かつてベトナム戦争中、空からバラ撒かれた枯葉剤は、ジャングルを枯らし、戦争終結後に人間の中に、更に戦慄の様相が次々にさらされたのだ。アルコール漬けになったガラスビンの中の異様な物体は、脳のないもの、腐った狂犬のような眼、双頭の肉体など、凄惨目を覆う、言語に絶する恐怖をつきつけられたのだ。私が、物に対して凝視しつづけた中から、悪夢のようにせりあがって出現したフォルムが、そのまま現実に、そこに存在したのである〉

〈私が本当に吐き出したいもの、描きたいもの、胸の奥に潜んでいるもの、それらを絵画にし得た時、死はむしろ待ち遠しいユートピアへの旅に似たものに想えてくる。ああ、誰からもそう言われて生まれてきたわけではない。闇の中から明るい世界に哭き声をたてて出て来るように、誰も、まだどのような闇なのか知らない。……黒一色の中に消えていくのだ。それは同時に生まれてくるのと同様のことかもしれない。そう言い切るために瞬間に、いかに熱したか……。それだけが一切だ〉

――さっきの奥さんのお話しの中で、非常に共鳴することがあったんです。平野さんが亡くなった今、こうしていても満たされているとおっしゃいましたね。お金ではなく、何か大切なものをいっぱい残されたから満たされていると。平野さん自身も文章の中で、たしか対談の時だったと思いますけど、美術学校のことを目の敵にしている。あるひとつの形式を非常に嫌がっているところがあったんです。例えばそういう教育は受けなかったけれども、ジャコメッティ、ドストエフスキー、ボードレール、小林秀雄や西脇順三郎という師があったということ。聞き手が「ジャコメッティなど芸術家から本当の意味で栄養をとられたわけでしょう」と聞いたら、「純粋無垢な形で自分の仕事をずっとやっているうちに、だんだん気づいていくこと」と平野さんは言っている。まったくゼロの状態から、自分の見るものひとつひとつ手探りで見つけていきながら、自分という人間を作っていく——そのプロセス自体が芸術だと思うんですよ。それに対して教育というものは、押しつけられるもの、ひとつの形あるものに引っ張りあげるものでしかない。彼が話した基本にあることは、全くの手探り状態からひとつひとつつかんでいく、そこにジャコメッティがあり、ドストエフスキーがあり、そして男と女の出会いがあり……平野遼と清子さんはそうやって人生を築きあげてきたんだと思うのです。

清子　人にはそんなこと言えないですけどね。確かに私は感じるんですよ。こんな言い方は非常にあれですけど、彼の絵を見ていくと、だんだん彼なりに成長していってるなと思うんですよ。それなりに彼は求めているものがあるなと、私は感じているんですけど、でも若い頃の片鱗しか知らないで「あ平野か、偉くなった人はものも言いやがらん」とそういう言い方をする人もいるんです。でもそういう人とはあんまりまじわれない。そこに留まっておれない。目的が違うから……だから誤解もされますけどね……。

――ひとつひとつを探しあてていく……ずっと先を歩いていった人という風に……僕はずっと遅れている人間ですが、おそらく平野さんに惹かれていったというのは、そこにある気がするんですよ。

清子　だから、生（き）のままの人間ですよ。教育とかそんなのではなく、本人自身が生きていく、自然にね、雑草が栄養を吸収して伸びていくように生きていったんだから。最近ですよ、平野が学校に行ってないと知ったのだって。学歴を書かなくてはいけない時に初めて知ったくらいです。だからそんなことから入っていないでしょう。生のままの人間から入っていったんですから。世間並みに家庭生活をしていないから、私達があらっと思うようなことはありますけど……。例えばこのお茶碗がいいと思った時に、誰の作品でいつのものかじゃなくて、これそのものがいいでしょう。何年か経ってきて風化されたよさとか、そういうものでしょう。人間も同じだと思うんです。だから私も彼によって全然知らなかった世界を知るようになって。私は西洋音楽とかほとんど聴いたことなかったし、でも本当に彼はクラシックに詳しくてね。割合栄養になるもの、本当に自分が求めたものをきちんと得ていますよね。私もそれによって満たされたんですよね。

――そういう生き方というのは、生き物の最も自然な姿だと思うんですよ。「原始人の眼でものを見る」ということは、そういうことにつながると思います。

清子　例えば平野はジャコメッティを尊敬していたでしょ。造形的にずっと突き詰めていってね。その究極は「人間は一本の線である」ということを自分もわかったと平野は言うんです。体現したわけ、自分はね。「平野はジャコメッティを真似しとる」と人に言われた時もあったんですけどね。そうじゃなくて自分がずっとおしつめていったら、人間は一本の線で表せるのではないか、そこに平野自身が到達したんですよ。でもずっと見ていると、生の人間を見ないで学歴や派閥で判断する、絵の世界でさえあるでしょう。でも彼は孤立無援のつもりでやってきても、やはり人数は少ないけど、深く理解してくださる方に救われていたんではないでしょうか。全然いないとやっぱり淋しいでしょうからね。

——「こういうものである」というものじゃないんですね。常にまだ描けるまだ描けるという状態というんでしょうか。

清子　だからひとつの作品を完成させたようなつもりであっても、描きすぎて、あんまり行きすぎて壊すこともあるんですよね。発表できなくなることもあるんですよね。非常に不満が多いから。絵を人に渡す時か、展覧会に出す時にしかサインをしないものですからね。それ以外は未完のつもりだったんでしょうかね。展覧会に出品しても、自分が気に入らなければ早く展覧会が終わればいい、早く家に持って帰りたいと言ってましたから。潰したい、やり直したいという思いが強いみたいですね。

——描いても描いても次に見えてくるものがあるということですね。当たり前ですけど、終着点はないのですね。

清子　そうですね……。

平野の日記〈病気らしい病気は六十五年の生涯ではじめての経験であった

〝病む〟という言葉は多分に精神的で形而上的といえるだろう　その病の下に気がくっついて呼ばれる時、言いしれぬ肉体の衰弱と痛みが伴ってくる

旅に病んで夢は枯野をかけめぐる

芭蕉の詩魂はその点床しいものだ

武蔵は終末はやはり病気で、彼も永い流浪生活の涯に霊厳洞にこもって、あたかも植物か静物のように従容として去った

現在の吾々は幸か不幸か医学の恩恵に浴して死ははなはだ遠くなった

病中で私は自己の結論を夢の中で確かに見てきたのだ

急いで仕事をし、孤独に耐えて自己完成を果たすしかない
病気が完全に駆逐され、六十五歳の肉体が生まれたてのように復帰することなど考えて
はいないのだ
あと一年で充分である

うやむやの姿のまま消えたくない
明快な自己主張と表現を実現したのちに
誰も知られず死にたいのだ〉

一九九七年七月

平野清子様

拝啓、暑さが厳しくなってまいりましたがその後お変わりありませんか。

先日の北九州市立美術館では大変お世話になりました。

没後初めての平野遼展、北九州市立美術館では十年ぶりの平野遼展、その盛会ぶりと共にお喜びを申し上げます。

私にとりましてもここ数年平野遼を見続けてきたこともあり興味の尽きぬ展覧会となりました。思い返せば今度で三度目の平野遼遍歴ということになりました。初めてお伺いした時は、ただただアトリエに立ってみたいという欲求からでした。一歩アトリエに踏み込んだ時のことは今でもありありと思い出すことができます。激しく戦い抜いた戦場のような迫力に全く圧倒されました。壁に掛けられた下塗りだけのキャンバスは、その前に平野遼が立ちはだかり、私は背中越しにキャンバスを覗き込んでいるような、今も画家はここに生きているという錯覚、いや錯覚ではなくまさに生きている平野遼の人格そのものと感じられたのです。

二度目に伺った時は雑誌『スイッチ』の取材を兼ねていたため、初体験のインタビューに精一杯で、私には何の余裕もありませんでした。それでもお話しをたくさん聞かせていただき、別の側面も知ることができた貴重な経験でした。

三度目の今回もアトリエはいつものままでした。例によって持参したコーヒーをいれ、仏壇に供えました。そしてまたいつものように仏壇の上に掛けられているペン画『歩く人』と、三度目の対面をしました。

ジャコメッティの『歩く男』をすぐに連想させられるこの絵は、平野絵画を考えるひとつの糸口のように私には考えられます。周知のようにジャコメッティは、対象を画布にまたは彫刻に実現させることにより、多くの優れた芸術作品を残しました。それに対して平野遼の『歩く人』は、ジャコメッティに似ているようでいて全く違う感じを受けます。それは対象を絵画に実現させることではなく、思索しながら歩いている男の思索そのものを、ペンで辿ったように見えるからです。芸術作品と呼ぶことを憚(はばか)られるような感じ、もっとプライベートなもののように見えるのです。日記のような、呟きのような、呼吸そのもののような感じを受けるのです。このような感じは平野遼の絵画に、ある程度一貫して感じられるものと言えないでしょうか。絵画論として語られるよりも、文学によって語られるようなことと言ってはいけないでしょうか。絵筆を動かすことだけが寄りどころだった少年時代から、身について離れなかったであろうと思われる、感情を筆に託して描き続ける姿勢は、対象を写すのではなく、自己の心象を対象に実現させることだったのではないでしょうか。画面を観照し構成するのではなく、画面の中でもがき、格闘すること、筆を動かすことが思索することであり、思索がそのまま筆を動かしているような、生な心音を聴くことができます。このような感覚は、自画像について考える時、さらに明瞭に把握できると思います。

極度に突き詰められたところから始まった平野の人生は、さらに突き詰めるものにしか向けられなかったのでしょう。堕するものは全て拒絶せざるをえなかったでしょう。自然寡黙にならざるをえなかったでしょうし、孤独にならざるをえなかったでしょう。生来備わっていた批判精神や向上心は、不屈の闘志に支えられて、ひたすら前へ前へと進むほかに生きる道はなかった。これは他者に向けられるというよりも、自己に向けられることが圧倒的だっただろうと思われます。それが自画像に表現されている、自己を見つめる目の厳しさではないでしょうか。自己を厳密に見ようとする行為は、そのまま画面に棲息してしまうのです。それは思想を絵筆に託する習慣しかもたなかったから、彼は、宿命の河に溺れていたが流されなかった。ただ描くことに没入し、流れを飲み、流れそのものも描かねばならぬ使命に憑かれ、そうして遂に流れを遡ったと考えたい。自分の生い立ちや境涯への恨み、背景にある戦争、戦争を引き起こす人間の理知への不信、これらを原動力にしたのです。その絶望、不信の目に見させたもの、それが闇の中から生き物のように動きながら現れてくるものなのではないでしょうか。抽象的な作品の多くは、おそらく平野自身にとっても消すことのできない生き物が蠢(うごめ)いているとしか言いようがないのではないでしょうか。「原始人の眼で見る」と繰り返し述べた平野の創作姿勢は、人間の本来あるべき基本的な生き方を、身をもって示したのです。生命への尊厳、生きることへの執着と限りなき愛情を、身をもって示したと言えると思います。

自画像から始まって、抽象的な作品もたくさん並べられた北九州私立美術館は、最後に水墨画の部屋になりました。私にとって水墨画は初めて観るものでした。そしてモロッコを描いた六曲一双の屏風には本当に感動致しました。平野遼が生き抜いて生き抜いて遂に到達した〈心境〉のような、人間に対する優しい〈まなざし〉が感じられる絵でした。右隻『モロッコの群像』は、視点が低いところに置かれ、広場の群像を下から見上げるようにとらえられていました。人々の頭上奥のほうに、上へ上へと昇る陽炎のような、薄墨の線が描かれていました。まるで人々の魂が天上へ昇ってゆくように……。一方左隻は『広場にて』と題され、高いところに視点が置かれ広場を見下ろしているようにとらえられていました。そして全体に薄墨が散らされていました。まるで広場の人々に天から〈慈愛〉が降ってゆくように……。

「人間とはいかなる生き物なのか。どこからきてどこへ行こうとしているのか」と問い続けた画家の、ある行きついた表現のように見えました。その屏風は用意されてから十年の間そのままにされていたものだと聞きました。一九九二年の元旦に「よし描くぞ!!」と意を決したように、一気呵成に描ききったと聞きました。一九九一年の十二月三十一日から翌元旦まで何を考えたのかはわかりませんが、視点の上と下を決意したことによって完成をみたのではと想像しております。そこに描かれている光景は、人類の営みの光景であると同時に、人類の営みを見つめる〈まなざし〉の表現であるように思うからです。平野の日記の一節にある「病気が完全に駆逐され、六十五歳の肉体が生まれたてのように復帰することなど考えてはいないのだ。あと一年で充分である。うやむやの姿のまま消えたくない。明快な自己主張と表現を実現したのちに、誰も知られず死にたいのだ」という確信は、この心境を絵画に定着させるための一年ではなかったでしょうか。

平野遼の足跡をたどり、その人生を考えてきた私自身も、導かれるようにここまで辿り着き、あの大きな屏風の前に立ち尽くしていたように思います。ある幸福感と安堵とともに……。

それではまたお目にかかれる時までお元気で。

十　塩崎貞夫の鎮魂

一九九一年、東京銀座の文藝春秋画廊で、塩崎貞夫展が開かれていました。その時私は、たまたま何かの用事で、銀座方面へ出掛けていたのでしょう。その帰り道、偶然画廊の前を通りかかったのだと思います。画廊のウインドウに掛けられていた絵に、足を止められました。その絵は五十号位なのですが、ほとんどモノトーンの画面が上と下に区切られ、上半分に満開の桜が、桜色のような色もなく白い色で描かれ、下半分は桜の木の下の地中のような、黒く塗りつぶされた画面の中に、横たわる女性が、こちらも白く描かれているものでした。ほとんど白と黒の絵なのです。題名は『桜樹の下で』。すぐに梶井基次郎の「桜の樹の下には屍体が埋まっている」という一節が想い浮かべられる絵なのです。さびさびと咲く白い桜も美しいが、寂しそうに横たわる女性が美しい。死体を連想していながら、細く体を伸ばして横たわる姿は、静かに安息しているように見えるのです。この絵に誘い込まれるように会場に足を踏み入れ、塩崎貞夫さんの絵と初めて向き合ったのでした。

塩崎さんの作品には、『桜樹の下で』もそうなのですが、ほかにも『箸の墓』という箸墓古墳をモチーフにしたものとか、『生駒の辺り』など奈良の山々と羨道のような道を描いたものや、『仏塔』など霊が宿っているようなテーマのものが多いのです。それから新潟の山、特に国上山（くがみ）が霊の宿る山のように描かれたり、『桜』や『コスモス』などの花にしても、その根の下や花の中にも、霊を感じてしまう絵なのです。

もうひとつ、想い出すことがあります。その頃私は大野一雄という舞踏家を追いかけていたのですが、一九九二年、東京半蔵門のＦＭホールで「白蓮」という公演を観た時のことです。暗黒舞踏と呼ばれていた日本の独自の踊りです。その時大野一雄は八十六歳です。どうしても舞踏は死と生をテーマと感じてしまう舞台が多いのですが、大野の場合は特に、白塗りに髪を逆立てて踊ると、死者の踊りなのか生者の踊りなのか見分けがつかなくなるようなのです。その日は現代音楽の三宅榛名（はるな）のピアノや、コントラバスも舞台で演奏され、フリージャズのような前衛的な音楽の中で、混沌と妖怪の極まったような踊りが繰り返されました。

ところが最終章に至ると、全てがとり払われた真っ暗な舞台で、大野のソロが静かに踊られました。照明が全て消された中にスポットライトが白塗りの手を浮かびあがらせ、白木蓮の花を咲かせるようにポッと広げられたのです。黒いスーツに白いワイシャツ。静かな音楽に、揺れるように踊りながらポッと、暗闇の中に白木蓮が開いたのです。

その時思いがけず、「そこでいいよな」と話しかけている自分の気持ちに気がつきました。話しかけている相手は死んだおふくろなのです。母はもう十年も前に亡くなっていたのですが、私にはお墓を作る余裕がなかったもので、やむをえずお寺に預かってもらっていたのです。そのうしろめたさがあったからでしょう、あちらの世の母のまわりが白木蓮でとりかこまれているような気がして、「そこでいいよな」と話しかけてしまったのでした。

自分に寄り添うように、近々と死者を感じることがあります。「白蓮」の翌年、一九九三年の塩﨑貞夫展で経験したことですが。

私にとっては二回目の文藝春秋画廊での塩﨑展です。前回と同じように白と黒を基調にした絵が多く並べられていました。『白い花の樹の幻想』という絵は、やはり画面は区切られ、上段に白い桜、中段に横たわる人、下段に数人の人々の顔という構図です。もう一点『夜桜に集る人々』という絵も、夜に浮かぶ桜の花と、どうしても葬儀に集まった人のように見えてしまう人々の顔が描かれていました。そういう絵を死と向き合わなければならない気持ちで観ていたのですが、十号程の油絵の前に立った時です。題名は覚えていませんが、『光景』というような、そんな題名だったと思います。全体が白色で塗り込められた画面の中央に、人の顔だけがひとつ覗くように描かれているものでした。その絵をじっと観ていると、向こうにいる人が何か叫んでいるように見えてきました。顔は口を開けているのです。叫ぶ声がかすかに聞こえてくるようなのです。

そいつは〈あべちゃん〉でした。阿部氏は一緒にタッチラグビーをやっていた仲間で、その一年程前に病気で亡くなっていたのです。我々の同好の仲間達のラグビークラブは、その頃全くの草の根ラグビーで、多摩川の川原にポツリポツリと数人が集まり、楕円球を投げ合っていたのですが、その仲間です。ラグビーの時集まって一杯飲んで別れるだ

けで、ラグビーのこと以外、話しなどあまりしたこともない関係でした。病死のことも
だいぶ経ってから聞いたような具合だったと思います。お互いのことを何も語り合って
いなかったということを、死なれて初めて考え始めたのでした。そしてどういうわけか、
塩崎絵画の前に立った時に、白い絵具の隙間の向こうに声を聞いたのです。しかし、耳
を澄ますと聞こえないのです。大きく口を開けて何かを叫んでいるようなのですが、何
を言っているのか聞きとれないのです。

その時、背中の方から私の耳にはっきり届いてきた言葉がありました。

「オマエハナンニモワカッテイナイナア」

と言われたのです。思わず振り向くと、それは〈あべちゃん〉の言葉ではなく、塩崎
絵画が発する言葉だったのです。驚いてまわりを見回すと、その言葉は会場の至るとこ
ろから押し寄せてきました。

「オマエハワカッチャイナイ」

「オマエハナンニモワカッチャイナイ」

私は身の竦む思いでした。一体何をわかっていないのか、そりゃあ確かに自分は何事もちゃんと考えたことがないかもしれない、しかし何を考えていないのか、何も考えたこともないのにわかったような顔をしていたのか、まるで自分が絵の前に晒されているようでした。それは、その通りには違いないのですが……。それ以来、私の背中にはその時の感触が張りついたまま、塩﨑作品と向き合うことになるのです。

私にとって絵を観るということは、観ることによって湧いたり流れたりする自分の心理を見ることのようで、作品によっては時間がかかる場合があるのです。そんな姿を見ていたのでしょう、塩﨑さんが声を掛けてくれました。

「できれば感想を聞かせてもらうわけにはいかないだろうか。今すぐでなくてもかまわない、手紙でもいいから聞かせてもらえれば、ありがたい」

そこで私は先に書いたようなことを手紙にして送りました。そして次のような返事をもらったのです。

〈私、子供時分特に酷く悪夢に毎夜うなされ夜の来るのがこわかった事憶えておりま

す　老年と言っていい年の今も毎夜夢を見ます　不快な夢です　二十才の時国画会に具体的な画を初出品しました　松田正平先生に近代の病（ヤマイ）をこれ以上こうしんさせぬ様にと批評された画です　その年の夏祖母のお供で父祖の地新潟県東頸城（ひがしくびき）郡松代の村々を歩きました　菩提寺の長命寺で先祖の供養をして貰ったのですがその禅寺のお経に感動致しました　当時（現在も）ガブリエルフォレの死者の為のミサ曲に惑溺致しておりましたがこの時私は日本の素晴しい鎮魂曲を聴いたと思いましたのです　全く単純な話ですが鎮魂歌を描こうと思ったのです　翌年から私の画は具体的なものが消えました　以来退会するまで国画会は抽象作品を発表しました　十九年間です　三十才の時十六才の時やった病気が再発一年入院生活を送りました　病院のベッドで考えたことはオレの抽象ウソだでした　しかし会期が来ると何んとなく一点作品並べて十年もう限界ということで最初から画面真白くするつもりでつくった画一点退会届と一緒に出品したって訳です　三年間全く画の制作しないで過ごしたのですが文藝春秋社の話しがあって制作を再開今日に到っております　私は人にほめられて画を描きはじめた者ではあり

ません　画描きなんぞダカツの如く嫌われて育ちました　ですから私の画は実に育ちが悪いのです　美しくなど先づ考えません　小生にとって画を描き続けると言う事は、オレも死ぬのだから勘弁してくれと手を合わす以外どう仕様もない仏様を次から次と背負う事なのだと思ってます〉

私にとってワカッテイナイモノとは、死ということであり、鎮魂ということの意味なのだと思います。鎮魂という言葉の意味には、「死者の霊を慰めしずめる」ということのほかに、「生きている人の魂が抜け出す、また抜け出したのを呼びとどめ、身体の中に鎮(しず)める」（『岩波国語辞典』より）、とありますが、こういう両面の意味があるということも知りませんでした。いや言葉の意味以前に、人の魂というものを考えたことがないのです。人の心を疎(おろそ)かにしないことは、人並みには考えているつもりですが、それは人の心理という意味、その程度のことだと思います。魂というものは少し意味が違う、不変的な存在のような……いや、そういうことを肯定的にせよ否定的にせよ考えたことがあまりないのです。

手紙のやりとりをした後に、塩崎さんは珈琲店に来てくれました。そしてモカを注文されました。いつものように一滴一滴抽出してお出ししました。召しあがった塩崎さんは、立ち上がって「おまえさんの言いたかったことは今わかった、全てわかった」と大きな声で言い放ちました。抽出の仕方でしょうか、味でしょうか、画家の感覚はこわいところがあります。それに塩崎さんは自分で焙煎をするのです。アトリエの庭に焼き物用の窯を作り、テラコッタを作り、茶碗を作り、焙烙（ほうろく）も作ってしまうのです。伺った時などは、焙烙で焙煎した深煎りのコーヒーをごちそうになりました。おいしいコーヒーでした。特にモカの深煎りにこだわりがあり、「新潟の駅の裏のほうにある小さい店で飲んだモカは忘れられない」とよく話されました。抹茶も点ててくれました。自作の茶碗は、白い釉薬が掛けられた、白い桜と一脈相通じるような、寂しそうな茶碗でした。テラコッタの塑像も、『女人立像』などと名づけられ、痩せた寂しそうな佇まいの作品なのです。塩崎さんの作品によって鎮魂ということを考え始めた私にとって、白い茶碗を持っても、テラコッタを見ても、鎮魂ということが頭から離れなくなってしまっています。塩崎さんのまわりにあるものは何でも、鎮魂につながっているような気になります。特にお茶を点てられる時に、亡くなった人の霊ばかりではなく、ここで一緒にお茶を飲んでいる人の心が、鎮められていくということが、考えさせられるのです。〈お茶〉というものには、そういう作用があるのだ、と。

秋海棠だったり、貴船菊だったり、一輪の花が活けられています。描きかけの絵が画架に掛かっていると、途中であるのにすでに、魂の気配が漂っているようです。お茶が点てられている時間を待つ時に、どうしても人が思い出されてしまう。今は亡き人にせよ、生きている人にせよ、その人との過去の出来事が思い出され、今自分がその人のことを思い出しているということが、心に刻まれる。

塩崎さんとのこのような時間は、私にとっては、初めての茶会と言えるものでした。茶室ではありませんでしたが、画室であっても、私にとっては茶会でありました。お茶

を飲む時は静められる。鎮魂とは、自分を静めるということのほうに、寄り掛かってい
るように思い始めたのでした。

二〇〇一年、南青山画廊での塩崎展には、『コスモス』が三点出品されました。店か
ら近いこともあって私は毎日のように『コスモス』を見ておりました。その頃手にして
いた本に、

ゆふ風に萩むらの萩咲き出せばわがたましひの通りみち見ゆ　　前川佐美雄

という短歌が掲載されていました。

連日『コスモス』を見続け、頭の中がコスモスの絵で埋めつくされている時に、この
歌は秋の風が通り抜けるように、私の体を通り抜けていきました。萩がコスモスになり
〈たましひの通りみち〉がはっきり見えるような、私自身が死者となった時に、たまし

いの塊になってコスモスの中を通り抜けていくイメージが、はっきり見えました。〈魂〉という言葉が書物にあった時、何も考えずに受け入れていますし、コスモスに寄せたイメージも簡単に魂という言葉を使ってしまいます。しかし実際にはワカッテイナイのです。当然のことですが母は私の中に生きています。多くの他界された方々も私の中には生きています。もちろん現世の人達も私の中に生きています。しかしいつもいつも思い出しているわけではありません、当たり前ですが。塩﨑さんの絵と向き合う時ばかりか、私は日常の中で鎮魂について考えるようになっていったのです。

二〇〇七年、東京・下井草にある五峯というギャラリーに行きました。「牧野邦夫没後20とプラス1年展」が開催されたのです。牧野邦夫は店の入口にいつも掛けていた絵『大坊珈琲店の午后』の画家です。

ギャラリーの一角に大きなトランクが横たえられていました。その上には絵具箱や、絵具、パレットや絵筆、ナイフ。それからビー玉や人形、モチーフに使われたいろいろなものが、祭壇のように置かれていました。これは画家の陣地なのです。トランクに全て納まるそうで、このトランクひとつですぐ引っ越しができるということです。個展を終えると引っ越しを繰り返した画家の原形が再現されていました。追悼するにふさわしい祭壇です。素描から油彩と一点一点作品を見ていくうちに、狭い画廊は濃密な空気に包まれていきました。自分も縛られるように集中し、牧野の世界に飲み込まれていきました。黒い洋服の牧野夫人の存在が一層、牧野自身を身近に感じさせるのでした。

まさに画家は絵の中に生きている。魂とはいったいなんなのか、絵に対して気力が充実してくるのは、魂と対峙する故なのか。

パーティが始まったのを機に、私は画廊を後にしました。六時に新宿に行くためです。ル・パランというバーに落ち着くためです。開店したばかりの店は空気がゆるんでいない。薄暗い部屋に身を沈ませると、静かに音楽が流れ始めました。ガブリエル・フォーレの「死者のためのミサ曲」です。この日この時間にこのレコードをかけてくれるように頼んでおいたのでした。このバーは音楽がスーッと身体に流れ込んでくるバーなのです。

私は初めて聴きました。フォーレのレクイエムをこんなに耳を澄ませて聴くのは初めてです。こんなに美しい音楽を聴いたのも初めてです。本当に美しい。汚れがないとはこういうことをいうのでしょう。

空想したことがあります。何の光もない宇宙に放り出された時、重力がなくフワフワ浮いていて何も見えない真っ暗闇に、どこかから聞こえてくる音楽があるのではないだろうか。その音楽はどういうものなのだろう。実際に夢の中で実現したことがあります。歌など歌ったことのない私が、夢の中では歌っていたのでした。しかし夢ではない現実に、真っ暗な中から聞こえてくるような音楽を聴いているのでした。

私自身が魂そのものになれるのか。

〈鎮魂〉ということを考えるテーマを私はここに置きました。私自身が魂そのものにならなければ、鎮魂ということへも考えが及ばないであろうということは予測できます。

フォーレのレクイエムを聴いていて、最も強く感じたことは、「永遠の安息を生きて下さい」ということです。生きるということの尊さを讃える音楽のように思いました。あちら側で生きるということも、こちら側で生きるということも、安息の天上であれ、苦界にあるとにかかわらず、同じように尊いのだということです。私もいつかは死ぬのだから、塩﨑さんの手紙にあった「オレも死ぬのだから」という言葉がしみ込みます。死ぬまで魂そのものにはなれないかもしれないが、フォーレを聴いていたのは魂ではないのか、塩﨑さんの絵の中の魂を見ているのは、私の魂ではないのか。『桜』も『コスモス』も、『国上山の邊り』にも、そして絵を描く行為そのものにも魂は込められており、私達はその魂に向き合わされているのです。私の魂がどういうものであるのか私にはわからないことに違いないにしても、魂に対峙するのは、魂でしかできないことです。鎮魂ということも魂自身でなければならないでしょう。

「オマエハナンニモワカッチャイナイ」ということは、まさに魂の不在を指すのです。

二〇一四年、珈琲店を閉店してひと月程経った時、塩崎さんがお亡くなりになりました。なんということでしょう。コーヒーと薄茶を一緒に楽しみましょうという約束をしていたのに。急な逝去でした。前の年の春に一度入院されたのですが、この時はすぐに退院なさいましたし、重篤な病気ではないと思っていたのです。その頃から店は閉店に向かって動き出したのでした。秋に一度店に来てくれました。いつものようにモカを召しあがられたのですが、店は混んでいてゆっくりお話しできる状態ではありませんでした。しかしその時がお目にかかった最後になってしまったのでした。

ガブリエル・フォーレのレクイエムに惑溺しておりますと聞いて以来、ずっと塩崎さんの作品によって鎮魂について考えさせられてきました。人を憶う、ということの大切さを教わりました。それなのにこんなに早く、塩崎さん自身と別れなければならなくなるとは、思ってもみませんでした。何かとりかえしのつかないような気になります。そしてやはり「オマエハナンニモワカッテイナイナア」と言われ続けなければならないと思います。

「鎮魂」（塩﨑貞夫さんへ）

茶碗についての言い方だけど、「できてしまうんだ……」と言ったという。私がじかに聞いたわけではないが、手が作り慣れるということを言っている。慣れてくると手はわけもなく茶碗らしい味を作ってしまう。塩﨑さんはこういうことに疑いを持っていた。心に描かれる心象デッサン、これは〈真〉ということではないだろうか。初めてできた時は〈真〉は見えたのだろうと思う。作る心に〈真〉はあった。〈真〉はしかし未知であるはずだ。見えたものは〈真〉と信じていたものだったかもしれない。それでも見えた瞬間はあったはずだ。その記憶を慣れた手はたどってしまう。未知が見えた瞬間の驚きはない。我々も見る、または触れる、茶碗らしい味に。ではこの茶碗らしい味とはいったいなんなのだろう。長い長い時、歴史とか民族とかいう源流までさかのぼって、連綿と作り続けられてきた茶碗らしい味とはなんなのだろう。茶碗であれば茶碗であるともいえるとすれば、畢竟(ひっきょう)人間の琴線であるとも言える。

絵についての言い方だけど、「描くものがねえんだよなぁ……」と漏らした。私の耳に届いた。こいつを描きたいと思える体験がないということを言っている。塩崎さんは必ず現場に行った。だがそこでスケッチをするとはあまり聞かなかった。体感することが重要だった。主題はひとつだったのかもしれない。鎮魂である。魂が存在する場が必要だった。場はいろいろあった。箸墓であり生駒山であり二上山であった。塔であり桜であありコスモスであった。国上山であり角田山であった。卑弥呼の死であり女人の死であった。画面に潜ませる魂の存在の濃密な体感があった。この体感のリアリティを、少しも許されることのない緻密さで描いていたと思う。フォーレであり声明であった。それらは全て現場へ足を運んで体感したものであった。それを繰り返し描いた。それが手慣れてくるのか、熟練は許されざる緻密さを作ってしまうのか。

「できてしまう」ことへの疑問がいつもあったのではないか、ゆえに新しい体感を探し続けたのではないだろうか。外国に材を求めたことも、異形の桜が描かれたことも「できてしまう」ことへの疑問ではなかったか。異形の桜とは不気味な暗さがある幹を強く描いた桜であり、異界への入口のような酔った桜であった。

以前の絵には画面を上と下に区切る描き方が多かった。私は魂の存在する世界と魂の気配が感じられる世界と思って見ていた。ところが徐々に上と下の線が見えなくなってきた。上下が溶け合ってきた。しかし、じっと見つめるとどうも手前に魂の気配、奥に魂の存在が描かれているように見えてきた。同時にこの時から作者自身の存在のあり方を強く意識するようになった。こちら側とあちら側の境界が裏表のように、離れているものではないものとして描かれるようになったと思った。それは魂の場を描くというよりは、作者自身が場の中に溶け込んで存在しているように見えた。それは作者自身が魂そのものになるということにほかならない。そしてコスモスに魂の通り道を見たのだった。

それが異形の桜では冥界への道すじになっていたのではないか。すぐそこの入口に。魂そのものになるということは、魂を描く画家の〈真〉であったと思う。そして『国上山の邉り』、そこには作者自身の魂と、鎮魂ということの意味とが渾然としてあったと思う。『蒼冥を爽やかに飛べ』と『角田山』に冥界そのものを見てしまうのは私だけだろうか。死を体感するのは不可能であるが、不可能であるにせよ〈真〉のリアリティを求め続けた塩崎さんは、〈真〉の魂の体感を描き得た芸術家であると思う。

私は思います。葬儀の部屋に掛けられてあった小さい『椿』の絵、小さい絵なのになんと椿が生き生きと描かれていたことか。冥界へおもむく魂の生の姿のように見えました。今はもう塩崎さんの冥福を祈ることしかできませんが、祈りが鎮魂として届いてくれればと思います。

十一

塩崎さんの絵によって鎮魂について考えるようになったのですが、それがすぐに塩崎さん自身を鎮魂しなければならないとは、皮肉です。さらに閉店の時と重なってしまうとは、なんのめぐりあわせなのでしょうか。しかし私にとって珈琲店を想い出すことが、珈琲店の鎮魂になり、塩崎さんやコーヒーを飲んでくれた人達を想い出すことが、私自身の悲しみのなぐさめになるのでした。

時間をかけて一杯一杯ネルドリップすることは、お客様に支えられなければできないことでした。支えてくれた人達にお礼の気持ちを充分伝えられなかった。今その人達を想い出すことによって、お礼の気持ちを伝えられるのではと考えました。当然自分の過去と向き合うことになりますが、人は忙しい日常を過ごしているにしても、忙しい中の隙間にそういう時間を持たずにはいられないようです。そして隙間の時間というものがコーヒーの時間になるのです。

塩崎さんの画室でいただいたコーヒーと抹茶は、鎮魂という空気に包まれていました。平野遼の画室に伺った時もお茶をいただきました。平野清子さんは長年研鑽された茶人であり、平野遼は仕事の合間に抹茶を飲むことが、なによりの日課だったようです。茶室には露地があり、そちらからも画室からも入れるようになっていました。茶室は薄暗く、花が献花のように活けられ、平野遼自身の絵が掛けてありました。ここも鎮魂の部屋でした。平野清子さんのお茶は厳かでした。

珈琲店にも茶室のようなところがあってもいいのではと考えてみたことがありました。露地のある珈琲店を想像していたのです。しかし同時に現実的には、表通りからじかに階段を上れるという動作の俊敏さが、私の店には向いているとも考えられるのです。街の混沌をそのまま受け入れるという考えもありましたが、何かのついでに俊敏に、郵便局に行った帰りにちょっと寄り道するような、そんな気楽さが向いている。招き招かれるといった関係性もない。珈琲店をやっている人の楽しみは、誰が来るかわからないところにあるんじゃないだろうか。予定調和がないことです。そしてコーヒーを待つ間、時間の中にある隙間が生まれる、くらいがいいですね。追善の茶会というものがあるらしいが、そういうところの帰りに珈琲店に寄り道して、追善を一人でやるとか。

年配の女性がお一人で、カウンターにお座りになりました。静かにコーヒーを召し上がっておられましたが、しばらくして「亡くなってしまった息子の机にこちらのマッチがありましたので、どんなところかなあと思って参りました」とおっしゃいました。お持ちになっていた写真を見せてもらい、「ああ、あの人だ」とすぐにわかったのですが、「うちの子はどういうふうだったのでしょう」と尋ねられても、「いつも一人で来られて、本を読むというわけでもなく、黙って座っておられる人でした」としか答えられません。それでも音楽学校の頃からいらしていて、卒業され、音楽の世界で活動するようになったことも思い出しました。ずいぶん長い年月が経っていますし、親しくもしていたつもりでしたが、そのわりに何も話したことはなかったのです。ですがお母様が実際にカウンターに座って一人でコーヒーを飲まれたことで、息子さんがここに座っていた時のことを最もよく思い浮かべられたのではないかと思います。

珈琲店の場合、長い年月来ていただいているのに、ほとんど何も話したことがないということは、ずいぶんあることなのです。それが珈琲店ではめずらしくないことであり、珈琲店であるがゆえに起こることなのです。

Kさんの場合、Kさんは病院での生活が長かったのです。時に退院して仕事に戻ることもあったようですが、そのうちにまた入院、という様子でした。それでも時に、退院されている間や、外出許可をとれた時でしょう。待ち合わせされてコーヒーを楽しんでおられました。Kさんは難病のようでした。ある日、治療のためだと思いますが、すっかり頭髪を剃られていらしたことがありました。それ以来、来られる時はいつもニットの帽子をかぶるようになりました。でも、そうしてしばらくのち、ついに現れなくなってしまったのです。

それからです。残された方がお一人で来られるようになったのは。決まって十一日、月命日の日(だと思います)、一人で静かにコーヒーをお召し上がりになります。あの帽子を小さくたたんでちょこんと脇に置き、いつものように待ち合わせをしているように。

我々は立ち入ってはいけません。それぞれの方がそれぞれの時間を過ごしておられるのですから。ですからなおさら黙ってコーヒーを作り続けなければなりません。こういう場合などは特に、我々店の側も黙っているべきですが、まわりにいるお客様もそっとしていてほしいのです。そっとしてほしいケースはそうめったにあることではないかもしれないが、普段から心掛けていないと、一人でいることを大事にしているお客様を守ることが、難しくなる。

横のつながりが生じるのを防ぎたいということには、異論も多いことでしょうし、自然発生的なものですから全くなくはできないですし、断言することでもありませんが。それでもやはり、珈琲店の一番のよさは、勝手に孤独でいられる、ということではないでしょうか。誰も人のいないところに一人だけいるという孤独ではなく、他のお客様もいるし店の人もいる。結構人がいる中で誰とも話さないでいられる場所。もしかすると誰もいない場所より落ち着くかもしれないし、なにより、黙っていることを楽しむことができる。

そうですね、一人で楽しまれる人が多かったのだと思います。とにかく、あそこの、あのカウンターに座って、あの苦いコーヒーを飲む。それでおしまい。あとは帰るだけ。それで完結している人が多かった。誰と話したいわけでもない。何も用があるわけではない。ただいつものコーヒーを一杯。そのほうがいいという人が多かったのだと思います。珈琲店はそういう人達に救われたんだと思います。顔なじみになって、話し相手になっていくことを全く否定するつもりはありません。茶室の手続きも否定するわけではありません。珈琲店であるがゆえに許される楽しみ方があるというだけです。

ただひとつ、つけ加えたいことがあります。黙って座り、黙って帰る、それでいいのですが、無関心でいるわけではない、ということです。味と同様にそこの空気にも、その時座っている人達にも無関心ではないということです。まわりに無関心な沈黙によって成立するものではないと考えたいのです。パソコンやスマホに集中していて、場に無関心な時、そこの空気は死んでしまう。隣の人との間の空気は死んでしまう。隣の人との間の空気はいきいきと生きていなくてはならない。関係は生じなくても関係はある。

そういう中で黙っているから珈琲店の楽しみなのです。

ずいぶん昔のことになるのですが、ジャズピアニストであり、作曲家である中村八大さんがよくいらしていた時がありました。店から二、三軒隣あたりで、古いご友人が歯科医をやっておられるそうで、そこに通っていらしたのです。この歯医者さんは名医のようで、治療の行き帰りにコーヒータイムを持たれる方が何人もいました。そしてみなさん、歯の治療に来るのにどこか楽しそうな様子があるのです。実はのちのち私もこの先生に歯を診てもらうことになるのですが、この頃すでに先生はコーヒーを飲んでくれていたのです。そのことを私は何も知らないでいたのです。先生と別の場所でお目にかかったのですが、そこにいた人が店によく来てくれている方で、あわてて挨拶したところ、「私はずいぶんあなたの店に通っているのですが、口をきいたのは今が初めてです」という言葉が挨拶の最初でした。

先生は夕刻、一人でカウンターに座られ、モカコーヒーのデミタスとウイスキーをショットグラスに一杯、交互に、ジャズと一緒に味わって帰られます。そういう一人の楽しみ方がよく似合う人なのです。無口で近寄りがたい雰囲気になってしまう。私も自然じっとして、空気も震わせないように気をつけていました。ですから顔みしりなのに挨拶した日が初めての会話だったわけです。

その日何を話したかは覚えていないのですが、「口をきいたのは今が初めてです」という言葉ともうひと言「あなたはジャズを知りませんね」と言われたことをはっきり覚えています。その時私は、不思議なことにとても気持ちが落ち着いて、「ええ、知らないのです」と答えたことも覚えています。わかるわけなんでしょう。知っている人から見れば、知らない人は見えてしまうということが、自然なことのように私の中で腑に落ちたんだろうと思います。八大さんの友達ということもありますが、先生のコーヒーの飲み方や、ウイスキーの飲み方に信頼のような、憧憬を感じていたからだと思います。

そんなことがあったもっと前のことなのですが、中村八大さんが、「アメリカにもずいぶん行きましたし、ジャズに近づけたかなと思うんですが、思うとすぐに、また遠ざかるんです……」という意味のことを話してくれたことがあったのです。なにげなくおっしゃったんだと思いますが、私の記憶に残ったために、私はずっとその話を反芻していたのです。そしてずいぶん時間が経ってから、八大さんがお亡くなりになった後に、歯医者さんの話の時に思いあたったんだと思います。

お客様に教えられることは数限りなくありました。

コーヒーを飲んでくれた人々を想い出します。その時々の出来事を想い出します。

若い女性達が八人入ってきたことがありました。みなさん似たような服装です。黒いスーツに白いブラウス、新入生なのか、研修生なのか、休憩時間なのでしょう。奥に四人掛けられるテーブルがふたつあり、幸いふたつ共空いていたので、みなさん何も言わずに自分達の椅子があらかじめ決められていたかのように、まっすぐ席に着かれました。それぞれの注文を聞いたのですが、全員NO・3のコーヒーだったと思います。それでもその人数ですので作るのに時間がかかります。例の通りゆっくり作っていますと、話し声が聞こえてきます。一人が話して他の人が聞いているという話し声ではなくて、何人かが話している。何を話しているのかはわからないが複数の声としてこちらの耳に入ってくる。徐々にコロコロコロコロコロと転がるように声の波が立ち上がってくる。それがザワザワという感じではない、サワサワという感じ。若い女性特有の、ピーチク（失礼！）というか、ペチャクチャ（失礼！）というか、きれいな声の連なりです。そのうちに波が引くようにスーと声が静まっていく。話しが途切れつつあるのかもしれない。するとピアノの音が、ピンと一音聞こえてくる。あっ、ビル・エヴァンスをかけていたんだと改めて気がつく。こんな時の一音がきれいです。前後の音も耳には届いているのかもしれないが、でも、感覚としては一音の響きが立ち上がったように聞こえた。それからすぐにまた女性達の声が少しずつ高まる。八人もいるのにこの時は騒々しくなることもなく、声が静まるとビル・エヴァンスが顔をのぞかせるというふうに、静かな小鳥達のさえずりとピアノの音が譲り合いながら、波の満ち引きのように繰り返されました。

こういうコラボレーションが生まれる時、ジャズの良さを感じます。私の個人的な感覚なのですが、クラシック音楽の場合、どうしても音楽の世界に引きずり込まれてしまう。ジャズの場合は自分は自分でいられる。もちろんジャズの場合でも、一音も逃さず聴き込むこともあるでしょうが、クラシックを聴いていてジャズに変わった時、私の場合はですが、ふっと楽になるような経験があります。

コラボレーションは外の音とも行われます。表参道の交差点の信号が赤に変われば、車が停まり音が静まります。その時やはりジャズが聞こえるのです。そのくらいのボリュームでかけているわけですが、夏ならば蝉の声が聞こえますし、冬ならばイシヤキイモの呼び声が聞こえてきます。じっと抽出を続けている時に、外から届く音は、私は好きでした。知らないうちに息も詰めていたのでしょう。ちょっと我に返る。そこにジャズが立つ。長い習慣ゆえのことでしょうが、点滴抽出の動きとジャズは切り離せないリズムになっていたと思います。

石津謙介さんは、ご自分でもおっしゃっていたのですが、コーヒーにあまり興味をお持ちではなかったし、好みもそれほどなかったらしいのです。でもここで飲まれるようになってから、興味が湧いてきたらしく、だんだんご自分で抽出もするように変わっていったようです。ある日、その日はカウンターの入口に座っていらしたのですが、私の抽出が始まった時、椅子から立ちあがって背伸びして、抽出の手元を見ていました。でも遠くてよく確かめられないようで、こちらに近づいてきた。ですが、中ほどの柱が立っているところまでは来るのですが、それ以上は近づかないのです。その柱に身を隠すようにして、背伸びして見ている。もう首もせいいっぱい伸ばして見ているのですが、あくまで柱の陰に隠れている格好はくずさない。「目で盗んでいるのです」という罪状をさらしながら、「これ以上近づきませんから許されますよね」と言っているように見える。敬意を表しながら、暗黙の了解として盗んでいる。子供っぽいような、大人っぽい行動なのです。チャーミングですよね。本当に楽しいことを教わりました。

珈琲店は労働時間が長いこともあり、体力を管理するために、お酒のつき合いのようなことをやめていた時がありました。「こうしていると友達もいなくなって、老後に寂しいことになるんじゃないかと心配になります」と言いましたら、お客様が、この方は先輩の年齢の方なのですが、「もともと人間は寂しいものじゃないですか、もともとの姿に戻るのですから寂しさだって楽しめますよ」と言ってくれました。私はふっと楽な気持ちになったのでした。こういう人がおられると年齢を重ねることに楽しさが湧いてきます。思えば珈琲店を開いた時から、長く続けることだけを考えていたのは、お客様も長く続いてくれて、同じように年をとっていくことを思い描いていたのです。立ち仕事を続けるために身体を鍛えるということは自分はカウンターの中にいつまでも立っていられるようになりたいという思いからでした。晩年、人はどうしても死を、近づいてくる死を考えないわけにはいかなくなります。

こんなやりとりを胸の中に思い浮かべれば、寂しみにも味わいが生まれるというものです。それにコーヒーという飲み物は自由であると、ずっと書き続けてきました。いろいろな人達が隣り合って座っていても、黙っていることも自由だし、すぐに帰ることも自由です。そして、コーヒーは苦くなければならない。甘くなければならない。これこれ、この苦みだよ、と思われなければならない。これ、これ、この甘みだよ、と……。

小田急線で朝、店に向かう時のことでした。夏の初めだったのでしょう、昼顔が咲いていました。急行電車が世田谷のあたりを走っていて、窓から景色を見ていたのですが、ちょっと家がとぎれたのか、空地だったのか、草が繁っているところがあり、静かに雨が降っていました。繁った草から昼顔が顔を出している。平泳ぎの選手が水から顔を出すように、三、四、五、六、もっとある。音もなく、とぎれることなく、昼顔に雨が降っている。私はぼんやり見ていたのですが、その時なんとなく、約束が果たされた、という感慨が湧いた。

植物は水を欲しがっているものだし、特に約束をとりかわしたわけではないのですが、いつかは必ず降るだろうという、条件というか、そういう風土だから草も繁殖するのでしょうが、ついに雨が降った時、草はというより、その草と雨を見ている私に、約束は果たされるものだなあ、という思いが湧いたんだと思う。そういうもんだよなあ、というような気分、もともとわかりきっていることなのに確信する気分、約束は果たされるということだけでなく、約束は遅くなってもいいから果たさなければならないということも、確信される。

こういうことは時間の隙間、ぼーっとしている時になんとなく、いつの間にそんなことを考えていたんだろうと思うぐらい、なんとなく湧いてくるものなんだ。同時に、例えば、サイ・トゥオンブリーのあの線。意味のないようなあの線が、「何も考えなくていいから」と呼びかけてくれた、意味がわかる。働きかけられた私の感覚に、ある確信のような、あの線が動かしようのないもの、信頼できる線なのだ、と思えてしまう。または「水の駅」が示したかった意味がわかる。私の中ではっきりとわかっていないのに、なぜか疑惑がない状態というか、わかっていないのに信頼できるような感じが、確信に変わる。

私はこういうことを毎日、繰り返してきたといえます。珈琲店に立って、俺は何も知らない子供だなあ、と思った時以来、同じことを繰り返してきたのです。

お客様の言葉や行動で心に残ったことが、ずいぶん時間が経った後に、再度思い出される時がくる。その時にわかることがあるとすれば、ずいぶん時間がかかったにしても、この時がくるのを待っていたことに気がつくのです。だから時間はかかってもいいし、珈琲店は、長い年月やるものなのです。

閉店してもう五年も経ちましたが、お客様を思い出したりしていますと、今店で顔を合わせているような気持ちになったりします。この前など、ル・パランのカウンターに座っていた時ですが、隣の席に誰かが座ったような気がしたのです。それはあの人でした。するとすぐにその向こうの席にあの人が座りました。それからドアを開けて入って来たのはアイツです。次から次に誰かが現れて、席がいっぱいになってしまったような、目が回るような、困ったことになったことがありました。うれしい時でした。いつでも誰とでも会うことができるのでした。
おいしいコーヒーを用意しておきますので、またお目にかかりましょう。
ありがとうございました。

参考文献

むのたけじ『たいまつ十六年 改訂版』理論社、一九六四年
太田省吾『劇の希望』筑摩書房、一九八八年
太田省吾『舞台の水』五柳書院、一九九三年
那珂太郎（編）『西脇順三郎詩集』岩波書店、一九九一年
西脇順三郎『西脇順三郎対談集』薔薇十字社、一九七二年
西脇順三郎『あざみの衣』講談社、一九九一年
『美術手帖』一九五九年八月号、美術出版社
城戸洋『平野遼 青春の闇 平野清子聞書』みずのわ出版、二〇〇二年
平野遼『平野遼 水彩・素描集 疾走する哀しみ』スイッチ・パブリッシング、一九九八年
『美術の窓』一九八六年十二月号、生活の友社
秋山敬『評伝 平野遼―危機と平穏のはざまを描く―』九州文学社、二〇〇〇年
松永伍一（編著）『平野遼詩集 青い雪どけ』生活の友社、一九九五年
平野遼『地底の宮殿』湯川書房、一九九〇年
平野遼『平野遼 自選画集』小学館、一九七七年

北九州市立美術館『平野遼の世界展』北九州市立美術館、一九八七年
東京セントラル美術館『平野遼展―その宇宙のリズムより―』平野遼展実行委員会、一九九〇年
下関市立美術館『平野遼展―光と線の交響―』平野遼展実行委員会、一九九一年
北九州市立美術館『平野遼展』平野清子、一九九七年

＊参考文献より引用した文章には、一部を抜粋し再構成したものや要約したものもあり、原文とは少々異なる場合があります。

大坊勝次（だいぼうかつじ）
一九四九年岩手県盛岡生まれ。南青山にあった珈琲店「大坊珈琲店」店主。一九七五年の開店以来、自家焙煎、ネルドリップというスタイルも内装も変えずに営んできたが、二〇一三年十二月にビルの取り壊しにより、惜しまれつつ閉店した。その後も全国各地で手廻し焙煎やネルドリップのレクチャー、出張珈琲店を行っている。

大坊珈琲店のマニュアル

二〇一九年五月二十四日　発　行

NDC914

著者　大坊勝次

発行者　小川雄一

発行所　株式会社　誠文堂新光社
〒一一三―〇〇三三
東京都文京区本郷三―三―一一
〈編集〉電話　〇三―五八〇〇―三六一四
〈販売〉電話　〇三―五八〇〇―五七八〇
http://www.seibundo-shinkosha.net/

印刷所　株式会社　大熊整美堂

製本所　株式会社　ブロケード

ISBN978-4-416-51773-4